LES BERGERIES DE MESSIRE HONORAT DE BVEIL, CHEVALIER, SIEVR DE RACAN.

DEDIEES AV ROY.

Reueuës, corrigées, & augmentées en cette premiere Edition par ledit sieur de Raccan.

A PARIS,
Chez TOVSSAINCT DV BRAY, ruë sainct Iacques, aux Espics meurs.

M. DC. XXVI.

AVEC PRIVILEGE DV ROY.

L'IMPRIMEVR AV LECTEVR.

C'EST bien de noſtre profeſſion que d'imprimer de Liures; mais c'eſt de noſtre bon-heur d'en rencontrer de bons, & de noſtre ſuffiſance de les donner au public ſans fautes. Celuy cy que ie te preſente a eſté accueilly ſi fauorablement des bons Eſpris, que ie ne doute point qu'il ne ſoit des meilleurs. Mais il eſt ſorty la premiere fois de la Preſſe auec tant de precipitation, qu'il a falu que cette ſeconde impreſſion te le donna plus correct: & outre cela enrichy d'vne Piece de l'Auteur qui est tres-bonne. Si mon procedé te plaist, tu auras souuent de bons Liures de moy. Achete celuy-cy, voy-le, confere-le auec l'autre, & tu cognoîtras si i'ay dit la verité.

AV ROY.

SIRE,

Ces Bergers qui vont faire le tour du monde ſous la conduite des Muſes, craindroient auecque raiſon qu'ils ne fuſſent accuſez de peu de iugement, d'aller ſi loing voir les merueilles de la nature, & n'en voir point vne dont ils ſont ſi prés. C'eſt voſtre Majeſté, SIRE, de qui i'entends parler. Qui conſiderera les rares vertus que l'on voit paroiſtre en toutes ſes actions, n'auouëra-t'il pas que les plus celebres peuples de la terre n'ont jamais veu de merites qui se puissent égaler aux vostres? & que tous ces grands hommes des siecles passez qui seruent à cestuy-cy d'exemple, ne vous ont precedé que du temps. Nostre repos est si vniuersel, vos loix si bien maintenuës, & tous vos conseils ont de si glorieux euenemens, que vostre prudence n'est pas plus admirée des Ministres de vostre estat, que des moindres de vos subjects: ny vostre nom plus cognu des François que des nations les plus esloignées. Pour moy quãd ie me remets deuant les yeux les memorables auantures que vous auez si heureusement acheuées; ie m'imagine que si elles sont escrites fidellement, la posterité croira que ce soit plustost vn Roman, qu'vne Histoire; & que l'on a choisi ce qu'il y auoit de plus beau dans les vies de tous les autres Princes, pour en faire vne qui seruit de modelle à ceux qui regneront aprés vous, les premieres esperances que vostre enfance nous donna, furent telles qu'elles eurent presque le pouuoir de nous faire oublier dés l'heure la perte que nous venions de faire de HENRY LE GRAND; ou plustost nous croire que nous n'auions rien perdu, & que toutes les excellentes qualitez que nous regretions en luy, estoient desjà ressuscitées en vous. Quand nous possedions ce genereux Monarque, nous disions que la bonne fortune de la France estoit en son periode, & que ne pouuant monter plus haut, il faloit de necessité qu'elle allast desormais en diminuant : mais apres vous auoir veu faire en vos plus ieunes années, ce qu'il n'a faict qu'apres estre vieilly dans les armes & dans les affaires, nous estimons auecque plus de raison, pouuoir faire le mesme iugement de vostre regne que nous faisions du sien, & diſons que s'il y a vne borne à la gloire de ce Royaume, ce ne peut eſtre que ſous vous qu'elle ſe doit trouuer. Ie ſçay bien, SIRE, que voſtre modeſtie nous deffend d'éleuer vos loüanges au deſſus de celles du feu Roy voſtre Pere: Mais pardonnez (s'il vous plaiſt) a ma liberté, ſi ie vous dis qu'en ce ſeul poinct nous vous ſerons tousjours deſ-obeïſſans: c'eſt vne verité ſi cogneuë qu'elle n'eſt pas meſme ignorée dans les cabanes de ces pauures Bergers; & c'eſt ce qui leur a faict naiſtre le deſir de voir celuy dont la renommee les auoit ſi ſouuent entretenus, & de vous aſſeurer qu'ils iront en tant de lieux publier les douceurs de voſtre Empire, qu'ils feront enuie à tous les peuples du monde d'y venir garder leurs troupeaux: & aux Rois meſmes d'y changer leurs Sceptres en houlettes. Ce ſera lors, SIRE, que ie n'auray plus d'autres demandes à faire a Dieu, que de nous conseruer ce que vous nous aurez acquis, ny d'autres graces à luy rendre que de m'auoir faict naistre,

SIRE,

Vostre tres humble, tres-obeïssant & tres-fidelle subjet & seruiteur,

RACAN.

ODE
AV ROY.
Par Monsieur de Racan.

VICTORIEVSES *des annees,*
Nymphes dont les inuentions
Tirent des mains des Destinees
Les memorables actions,
Si iadis aux riues de Loire
Vous auez recité l'histoire
De mes incurables douleurs:
Quittez cette inutile peine,
Aussi bien ma belle inhumaine
Ne faict que rire de mes pleurs.

Faictes, Deesses, que ma lire,

Traisnant les rochers apres soy,
Aux deux bouts du monde aille dire
Des chansons dignes de mon Roy,
Tous les veritables Oracles
Nous promettent que les miracles
De son courage ambitieux,
Feront tant bruire son tonnerre,
Qu'vn iour il sera sur la terre
Ce qu'est Jupiter dans les Cieux.

Dés son Printemps chacun s'estonne
De la sagesse de ses mœurs,
Et iuge qu'auant son Automne
Il produira des fruicts tout murs:
Fist-il pas voir à ses armees,
D'iniuste colere animees,
Que rien ne pouuoit l'empescher
De leur faire mordre la pouldre,
Et qu'il a sçeu ietter le foudre
Aussi-tost qu'il a sçeu marcher.

Desja la Discorde enragee

Sortoit des gouffres de l'Enfer,
Desja la France rauagee
Reuoyoit le siecle de fer,
Et desja toutes les furies
Renouuellant leurs barbaries
Rendoient les vices triomphans
Par vne impieté si noire,
Que la nuict mesme n'eust peu croire
Auoir produit de tels enfans.

Toutesfois nos rages ciuiles
Ont trompé l'espoir des meschans,
La Paix rend la pompe en nos villes,
Et l'abondance dans nos champs:
Et maintenant qu'en asseurance
Il conduit la nef de la France,
Et que les plaisirs ont leur tour,
Ses yeux qui pour venger nos larmes
S'armoient d'éclairs dans les alarmes,
Sont armez d'attraits pour l'amour.

Cette belle Nymphe du Tage,

ODE AV ROY.

Pour qui nous fismes tant de vœux,
Tiens ce miracle de cét âge,
Dans les chaisnes de ses cheueux:
Les Graces dont elle est suiuie
La font admirer de l'enuie,
Tous les mortels sont éblouÿs
D'y voir tant de flâmes paroistre,
Aussi les Dieux l'auoient faict naistre
Pour Jupiter, où pour LOVYS.

Roy dont le pouuoir indomptable,
Et des Loix le ferme soustien
Aux meschans aussi redoutable,
Comme agreable aux gens de bien;
Quel Hymne en la bouche des Anges
Pourra celebrer vos loüanges,
Si l'Uniuers dans sa rondeur
N'a rien digne de vos merites,
Et si le Ciel dans ses limites
N'en peut limiter la grandeur.

Ce grand HENRY, *dont la Memoire,*

A triomphé du monument,
Est maintenant comblé de gloire
Sur les voûtes du Firmament,
La nuict pour luy n'a plus de voiles,
Il marche dessus les estoiles,
Il boit dans la coupe des Dieux,
Et voit sous ses pieds les tempestes
Vanger sus nos coulpables testes
La iuste colere des Cieux.

Mais quoy que ce Roy considere,
De tout ce qui voit aux deux bouts
De l'vn & de l'autre Hemisphere,
Il ne voit rien d'égal à vous;
Aussi combien qu'apres sa vie
Son ame d'honneur assouuie
Possede ce bon-heur entier,
Qu'à ces vertus le Ciel octroye,
Il n'a point de si grande ioye
Que d'auoir vn tel heritier.

Il voit dans les choses futures,

Qui sont presentes à ses yeux,
Les glorieuses aduentures,
De vos exploits laborieux:
Il voit desja les Citadelles
Que defendent les infidelles,
Cacher sous l'herbe leur sommet,
Et dans Bisance reconquise
Les Fleurs de Lys, venger l'Eglise
Des blasphemes de Mahomet.

O que lors dans ses deux riuages
Le Nil oyra nos combatans
Faire iour & nuict des rauages
Dans les Prouinces des Sultans,
Que Biserte dans ses murailles
Verra faire de funerailles,
Et que de Peuples déconfis
Pleureront leurs maisons superbes,
Quand l'on moissonnera les gerbes
Sur les ruïnes de Memphis.

A LVY MESME.

SONNET.

PRince l'estonnement des ames & des yeux,
Que le Ciel mesme voit auecque reuerence?
Quoy que fassent de grand vos trauaux glorieux
Ils ne peuuent iamais passer nostre esperance.

Ie sçay que vostre bras fatal aux factieux,
Et par qui cêt Estat repose en asseurance:
Auant que l'on vous mette au rang des autres Dieux,
Doit borner l'Vniuers des bornes de la France.

Mais bien que ce bon-heur ne soit promis qu'à vous,
Depeschez braue Roy d'aller en ces deux bouts,
Les armes à la main vous faire recognoistre,

De peur que vos bontez qu'on oit par tout vanter,
Luy faisant desirer de vous auoir pour Maistre,
Ne vous aillent rauir l'honneur de le dompter.

A MONSIEVR DE RACAN.

EPIGRAME.

CEs Bergers ont si bien parlé
Que mon esprit les idolâtre,
Rome n'a iamais estalé
Tant d'ornemens sur le theatre:
Miraculeux pere des Vers,
Grand RACAN, *fais que l'Uniuers*
Puisse lire vne œuure si belle,
Donne luy ce rare entretien,
Ta gloire ne doit craindre rien,
BALZAC & MAYNARD *sont pour elle.*

MAYNARD.

LETTRE DE MONSIEVR DE RACAN, A MONSIEVR DE MAL'HERBE, GENTIL-HOMME ORDINAIRE de la Chambre du Roy.

Onsievr,

Ie vous enuoye ma Paſtourelle, non pas tant pour l'eſtime que j'en fais, que pour celle que ie fais de vous. Ie ſçay bien que voſtre iugement eſt ſi generalement appreuué, que c'eſt renoncer au ſens commun, que d'auoir des opinions contraires aux

aux voſtres : c'eſt pourquoy ie ſuis d'auis que vous la conſideriez vn peu plus exactement, & que vous ſçachiez les raiſons qui m'ont iuſques icy obligé à luy faire garder la chambre. Auparauant que vous me condamniez de la donner au public, vous me mandez qu'il en court tant de coppies mal correctes, qu'il eſt à propos que ie me juſtifie des fautes que les mauuais eſcriuains ont adjouſtées aux miennes : en effect j'auouë que c'eſt bien aſſez d'eſtre reſponſable de mes fautes, ſans porter la peine de celles d'autruy ; mais auſſi en l'eſtat où elle eſt, ie ne ſeray repris que des belles bouches de la Court, de qui les iniures meſmes me ſont des faueurs, au lieu que ſi ie ſuiuois voſtre conſeil, ie m'abandonnerois à la cenſure de tous les Pedans du païs Latin, dont ie ne puis pas ſeulement ſouffrir les loüanges. Vous ſçauez qu'il eſt mal-aiſé que cette ſorte de Vers, qui ne ſont animez que par la repreſentation de pluſieurs Acteurs, puiſſent reüſſir à n'eſtre leus que d'vne ſeule perſonne. D'où vient que ce qui ſemblera excellent ſur vn Theatre, ſera treuué ridicule dans vn cabinet. Outre qu'il eſt impoſſible que les grandes pieces puiſſent eſtre polies comme vne Ode, ou comme vne chanſon. Et s'il y a aucune raiſon qui me diſpenſe des reigles que vous m'auez preſcrittes, ce doit eſtre la multitude des vers qui ſont en cét ouurage. Il eſt plus facile de tenir cent hommes en leur deuoir que dix mille, & n'eſt pas ſi dangereux de nauiguer ſur vne riuiere que ſur l'Ocean. Pour en parler ſainement, ie penſe que vous iugerez que ie ſuis autant au deſſous de la perfection; comme ie ſuis au deſſus de tous ceux qui m'ont precedé en ce genre de Poëſie, & que parmy cette grande confuſion de paroles mal digerees, vous n'y treuuerez rien digne d'admiration, que de ce qu'vn trauail de ſi longue halaine a eſté entrepris par vn homme de mon meſtier & de mon humeur. Ie ſçay bien que c'eſt aſſez dire qu'on eſt ignorant & pareſſeux à eſcrire, que de dire qu'on faict profeſſion des armes; mais ce n'eſt pas aſſez me cognoiſtre, que de croire que ie ne le ſuis, que comme l'ordinaire de ceux de ma condition. Ie veux qu'on ſçache que ie le ſuis au ſuprême degré; & me treuue moy-meſme tellement eſtonné d'vne ſi longue nauigation, que j'ay peine à me reſſouuenir du port d'où ie ſuis party. I'ay faict comme ceux, qui entreprenant vn baſtiment auecque irreſolution, le continuent ſur diuers deſſeins: dont les derniers condamnent ce que les premiers auoient appreuué: d'abord ie m'eſtois propoſé de me ſeruir d'vn ſuject aſſez cogneu dans la Court: mais les deſplaiſirs que ie reçeus d'vne certaine perſõne qui eûſt peu s'en attribuer les plus belles aduentures; me firent resoudre à changer les deux premiers actes qui estoient desjà faicts, plutost que de luy donner le contentement de voir l'histoire de ses amours dans mes Vers. Il est vray que ie suis bien aise qu'elle porte le nom d'Artenice, & voudrois estre capable d'en faire durer la memoire aussi long-temps que l'amour que i'ay pour elle. Il y a si peu de chose en ce siecle digne de loüanges, que ie croy que la posterité ne doit point treuuer mauuais dequoy ie ne l'entretiens que des folies de ma jeunesse, puis que ie n'ay rien de meilleur à luy dire. C'est chose estrange que ceux qui recherchent l'immortalité au prix de leur sang & de leurs veilles, & que celles qui se retranchent des plus doux plaisirs de la nature, pour s'acquerir la gloire d'estre vertueux, fassent si peu de cas de ceux qui la donnent, & qui ont vne iurisdiction aussi absoluë sur la reputation de tout le monde, que celle des Parlements ſur les biens & ſur les vies? n'eſt-ce pas faire comme ces gens qui dependent tout ce qu'ils ont à la Court pour eſſayer d'y faire leur fortune, ſans penſer à ſe rendre agreables aux Miniſtres de l'Eſtat. Vous me direz qu'il ne me faut point tourmenter de cela; que ce n'eſt point à moy à reformer les humeurs du ſiecle, qui le faut laiſſer comme il eſt, & ſuiure mon inclination; j'en ſuis d'accord auecque vous, & certes ce qui m'a fait eſtendre ſi long temps ſur cette matiere eſt, que ie n'ay point de meilleure occupation en ma ſolitude, que de vous entretenir. I'y ioüys d'vn repos auſſi calme que celuy des Anges; i'y ſuis Roy de mes paſſions auſſi bien que de mon vilage; j'y regne paiſiblement dans vn Royaume qui eſt vne fois auſſi grand que le Diocœſe de l'Eueſque de Bethleem; & ſi ie quitterois de bon cœur cette Royauté (ſi mes affaires me le permettoient) pour auoir l'honneur de vous gouuerner, & vous dire moy-meſme que ie ſuis,

MONSIEVR,

Voſtre tres-humble ſeruiteur,
RACAN.

Ce 15. Ianuier 1625. de la Roche Racan.

Argument.

RISANTE femme de Silene, ne pouuant nourrir d'enfans, voüa le premier qu'elle auroit à la bonne Deesse. Au bout de neuf mois elle accoucha d'vne fille qu'elle nomma Artenice, de qui la parfaicte santé fist assez cognoistre, que les vœux de sa mere estoient exaucez, & que les Dieux prenoient soing de sa conseruation. A peine sçauoit elle parler, que son pere luy fist promettre Mariage à Lucidas, recogneu pour lors le plus riche Berger du pays; encore qu'il fust ſorty d'vn Eſtranger, qui s'y eſtoit venu habituer il y auoit quelques annees. A meſure qu'elle croiſſoit, ſes parens taſchoient de la nourrir en cette affection; mais la bonne Deeſſe, qui ne iugeoit pas que ce fuſt ſon bien, s'apparoiſſoit fort ſouuent à elle, & luy defendoit de n'en eſpouſer point qui ne fuſt de ſon pays, & de ſa race. Elle en aduertit pluſieurs fois ſa mere Criſante, qui n'en faiſoit point de cas, eſtimant que ce fuſt vn artifice pour colorer la repugnance qu'elle auoit pour Lucidas: mais Artenice ne cognoiſſant que le ſeul Tiſimandre, qui euſt les qualitez requiſes par la bonne Deeſſe, s'imagina que c'eſtoit celuy qu'elle luy deſignoit pour mary; elle fit ce qu'elle peut pour le rendre amoureux d'elle, mais ce fut inutilement: il ne pouuoit aymer qu'Ydalie, ny Ydalie qu'Alcidor. Cette

Argument.

Bergere estoit fille d'vn nommé d'Amoclee, chez qui Alcidor (ieune Berger incogneu) auoit esté nourry depuis l'âge de neuf à dix ans qu'il s'y estoit venu retirer; pour cette raison il l'aymoit comme sa sœur: mais il n'auoit de l'amour que pour Artenice: il la seruoit auec tant de soings, & auoit de si excellentes qualitez, qu'il sembloit à cette ieune Bergere, que la conqueste d'vn tel Amant valoit bien la peine de contreuenir à la deffence de la bonne Deesse; estimant qu'il ne luy pouuoit arriuer de plus grand malheur, que celuy de ne le posseder point. Du commencement elle souffroit seulement sa recherche, pour le seul plaisir qu'elle prenoit en sa conuersation; mais en fin elle si engagea de telle sorte, que son amour parut assez pour donner de la jalousie à Lucidas, qui pour cêt effect eut recours à vn Magicien son ancien amy, nommé Polistene, il le prie d'employer tous ses secrets pour diuertir Artenice de cette nouuelle affection: le conseil du Magicien fut de luy donner du soupçon des familiaritez qui estoient entre Alcidor & Ydalie: ce qui luy fut facile en adjoustant aux apparences exterieures les artifices que sa magie luy fournissoit: ils aduisent donc ensemble qne Lucidas feignant de vouloir rompre l'accord qui estoit entre luy & Artenice; tascheroit à mesme temps de luy faire cognoistre la faute qu'elle faisoit de souffrir la recherche d'Alcidor: qu'il estoit accordé auecque Ydalie: qu'ils faisoient desia les actions de femme & de mary, quand ils en auoient la liberté: & qu'il offriroit de le luy faire voir dans vn miroir enchanté, sur la promesse que son amy Polistene luy faisoit de faire paroistre ce qu'il voudroit par le moyen de ses demons. Cette entreprise est si dextrement conduite, qu'Artenice s'engagea de faire eſpreuue de ce charme, feignant neantmoins que ce n'eſtoit que par curioſité. Elle ſe treuua donc à l'aſſignation que luy donna Lucidas, où pendant qu'elle l'attendoit, elle treuua Tiſimandre (deſeſperé de ce que ny ſa fidelité, ny l'obligation, qu'Ydalie luy venoit d'auoir tout fraiſchement, de l'auoir retiree des mains d'vn Satyre, ne luy auoient de rien profité à radoucir le cœur de cette ingratte) elle croit qu'elle ne le pouuoit treuuer plus à propos, pour luy faire changer d'affection: mais elle y reüſſit auſſi mal qu'elle auoit fait par le paſſé. Tiſimandre ne la veut point écouter, & elle deſeſperee de paruenir à ce deçein, rencontra Lucidas, qui la meina en la grotte de Poliſtene, où elle vit dans vn miroir enchanté Alcidor & Ydalie ſe baiſer auecque tant de priuautez, qu'elle creut que ce qu'il luy en auoit dit n'eſtoit que trop veritable. Les deſplaiſirs qu'elle reçeut à mesme temps du mespris de Tisimandre, & de l'infidelité d'Alcidor, la firent resoudre à se retirer auecque des filles voüees à Diane; & comme elle y alloit, elle rencontra (pour augmenter son erreur) Alcidor & Ydalie qui gardoient leurs troupeaux ensemble, au mesme lieu où le miroir de Polistene les luy auoit representez. Alcidor la voulut aborder de la mesme sorte qu'il auoit accoustumé : mais il y treuua vn grand changement; elle luy reprocha sa déloyauté, & sans vouloir entendre ses justifications, luy deffend de la voir iamais; Cela le met tellement au desespoir, qu'il se resolut de se precipiter dans la Seine. Cependant Artenice pour continuer son deçein, se retire auecque les filles deuotes, ou Silene son pere, & d'Amoclee son oncle, & pere d'Ydalie, la vont treuuer pour essayer à l'en diuertir. Estant forcee de leur dire le subject de ſon déplaiſir, l'accuſation qu'elle faict contre Ydalie, fait reſoudre d'Amoclee de faire paſſer ſa fille par la rigueur de la couſtume du pays. Il va luy meſme treuuer le grand Druide Chindonnax, pour ſe rendre teſmoin contr'elle. Cela n'interrompit que fort peu le deçein qu'auoit Silene de perſuader à la ſienne de reuenir au monde; elle s'en deffendoit opiniâtrement: mais comme ils eſtoient en cette diſpute, Cleante arriua tout effrayé du malheur qui venoit d'arriuer, d'vn Berger qui par deſeſpoir s'eſtoit precipité dans la riuiere, dont il l'auoit retiré auſſi mort que viuant. Il les prie tous deux de luy venir rendre les derniers deuoirs; ils y vont, & treuuent que c'eſt Alcidor, qui pour le danger qu'il auoit couru, eſtoit en ſi mauuais eſtat, qu'Artenice ne le ſçeut voir ſans en teſmoigner vne ſenſible douleur. Elle tomba éuanouïe entre les bras de ſon pere;

qui ne la pouuant soustenir à cause de son extreme vieillesse, se laissa tomber auecque elle. Peu de temps apres Alcidor reprit ses esprits, & l'horreur de ce spectacle fit tant de pitié au bon homme Silene, qu'il se resolut de ne se plus opposer au mariage de luy & d'Artenice : de sorte qu'il n'y auoit plus rien à surmonter, que les deffences que la bonne Deesse luy auoit faite en songe. Pendant que cela se passoit, d'Amoclee continuant son deçein eust fait sacrifier sa fille Ydalie, sans le retardement que causa Tisimandre, en s'offrant de mourir pour elle; Cela donna le temps à Cleante d'apporter la nouuelle du mariage d'Alcidor, & d'Artenice, qui troubla tellement Lucidas, que sans y penser il aduoüa la fausseté qu'il auoit faite par le moyen du miroir enchanté de Polistene, & iustifia Ydalie par sa propre bouche. Cette derniere obligation qu'elle eut à Tisimandre la toucha plus que pas vne, & la fiſt reſoudre à receuoir ſon affection. Il ſembloit qu'il ny auoit plus rien qui s'oppoſaſt au contentement des vns & des autres ; mais comme Silene alloit au Temple accomplir les ceremonies du mariage de ſa fille & d'Alcidor, aſſiſté de ſa femme Criſante & de ſon frere d'Amoclee ; Criſante creut eſtre obligee de declarer à la compagnie, comme la bonne Deeſſe s'eſtoit apparuë à elle la nuict precedente (& luy auoit dit les meſmes choſes qu'elle auoit dites pluſieurs fois à Artenice) qui eſtoit qu'elle ne vouloit pas qu'elle fuſt mariee qu'à vn qui fuſt de ſon pays & de ſa race : cela fit changer le deçein de la marier à Alcidor ; & d'Amoclee voyant qu'il n'y auoit plus de garçons que le ſeul Tiſimandre du ſang de ſa niepce, eſtima que ce ſeroit vne cruauté de luy oſter pour le donner à ſa fille Ydalie, puis qu'il eſtoit libre de la marier à qui bon luy sembleroit. Les peres treuuerent donc à propos de changer les mariages, & de luy donner Alcidor, & Tisimandre à Artenice: mais il si treuua tant de repugnance qu'il fut impossible d'effectuer cette proposition. Alcidor & Tisimandre aymoient mieux quitter le pays, que d'en espouser d'autres que celles qu'ils auoient choisies. Artenice estoit tellement desesperee des mespris que Tisimandre auoit fait de son amitié, qu'elle ne pouuoit pas s'imaginer qu'il peust iamais changer d'humeur. Et Ydalie estoit si viuement touchee des obligations qu'elle auoit à Tisimandre, & des tesmoignages d'affection qu'il luy auoit rendus, qu'elle pensoit ne pouuoir iamais viure heureuse auecque d'autre qu'auecque luy. Comme toutes ces choses se passoient, suruint le vieil Alcidor, qui recogneut Alcidor pour l'auoir esleué iusques à l'aage de neuf ou dix ans, depuis

puis qu'il le sauua de la riuiere, qu'il l'a-uoit apporté dans son berceau en vn de-bordement arriué il y auoit dix neuf ans; ce bon Vieillard fist voir vn brace-let qu'il luy auoit pris au bras lors qui le retira de l'eau, & cette derniere remar-que le fit recognoistre à d'Amoclee pour son fils d'Aphnis qu'il auoit perdu en mesme temps, auecque sa maison que la Seine auoit submergee : de sorte que s'estant treuué de la race & du pays d'Ar-tenice, les deffences de la bonne Dees-se furent leuees, rien n'empescha plus leur mariage, & d'Amoclee n'eust plus de raison de s'opposer à celuy de Tisi-mandre & de sa fille Ydalie.

LES ACTEVRS

La Nymphe de Seine.

ARTENICE, Bergere.
YDALIE, Bergere.
ALCIDOR, Berger.
TISIMANDRE, Berger.
LVCIDAS, Berger.
CLEANTE, Berger.
SILENE, pere d'Artenice.
CRISANTE, mere d'Artenice.
D'AMOCLEE, pere d'Ydalie.
POLISTENE, Magicien.
PHILOTEE, Vestale.
CLORISE, confidente d'Artenice.
CHINDONNAX, Druide.
D'ARAMET, l'vn des Sacrificateurs.
Le Vieil ALCIDOR.
Le SATYRE.

LES BERGERIES DE MONSIEVR DE RACAN.

PREMIERE IOVRNEE.

Prologue de la Nymphe de Seine.

AV ROY.

V profond de ces flots, dont ie reigle le cours,
Depuis que le Soleil reigle celuy des iours:
Ie sors pour adorer, sur le bort de mon onde
La merueille du Ciel, & la gloire du monde.
Grand Prince, dont l'exemple autant que le pouuoir
Fait demeurer le vice aux bornes du deuoir:
Miroir de la vertu, support de l'innocence,
De qui la courtoisie égale la puissance:
Receuez à vos pieds d'vn fauorable accueil
Ces Bergers, que la Muse a tirez du cercueil.

Ils ont repassé l'onde effroyablement noire
Pour le desir qu'ils ont d'honorer vostre gloire;
Que iusques aux enfers on entend publier,
Et que dans l'oubly mesme on ne peut oublier:
Mais de quelques discours fertiles en merueilles,
Dont vostre renommée ait charmé leurs oreilles:
Ne confessent-ils pas que ce qu'on en sçauoit
Est beaucoup au dessous de ce que l'on y voit?
Pour moy, quand le pouuoir qui de tout est le maistre,
Dessous vos iustes loix ne m'auroit point fait naistre,
Vous eussiez tousiours eu de mon affection
Ce que vous en avés par obligation:
Et, certes, ny l'éclat de vostre Auguste race,
Qui dans les rangs des Dieux assigne vostre place:
Ny le Sceptre eternel, qu'ils vous ont mis és mains,
Pour disposer comme eux du destin des humains:
Ny tant d'autres honneurs, sans fin, ny sans limites,
Ne m'obligent pas tant que vos propres merites.
Par vos vtiles soings ie possede sous vous
L'heur de viure en vn siecle aussi iuste que doux.
L'honneur de vous seruir égalle ma fortune,
A celuy de regir l'Empire de Neptune.
Vos exploicts genereux, miracles de nos iours,
Ont épendu ma gloire aussi loing que son cours:
Depuis qu'ils ont dompté l'orgueil de l'heresie,
L'Astre qui nous éclaire a de la ialousie,
Quand il void mon renom, sous vostre illustre appuy,
Faire le tour du monde aussi bien comme luy.
Puissiez vous, braue Roy, porter à main armée
Vos exploicts aussi loing que vostre renommée:
Et puisse le destin, pour me combler de bien,
Faire durer vos iours aussi longs que les miens.

ACTE PREMIER.

SCENE PREMIERE.

ALCIDOR.

VE cette nuit est longue, & fâcheuse à passer!
Que de sortes d'ennuis me viennent trauerser!
Depuis qu'vn bel object a ma raison blessée,
Incessamment ie voy des yeux de ma pensée,
Cêt aimable Soleil, autheur de mon amour,
Qui fait qu'incessamment ie pense qu'il soit iour.
Ie saute à bas du lict, ie cours à la fenestre,
I'ouure & hausse la veuë, & ne voy rien parestre
Que l'ombre de la nuict, dont la noire pasleur
Peint les champs & les prez d'vne mesme couleur:
Et cette obscurité, qui tout le monde enserre,
Ouure autant d'yeux au Ciel, qu'elle enferme en la terre:
Chacun ioüit en paix du bien qu'elle produit,
Les coqs ne chantent point, ie n'entens aucun bruit;
Sinon quelques Zephirs, qui le long de la plaine
Vont cajolant tout bas les Nymphes de la Seine.
Maint phantosme hideux, counert de corps sans corps,
Visite en liberté la demeure des morts.
Les troupeaux, que la faim a chassez des bocages,
A pas lents & craintifs entrent dans les gagnages.
Les funestes oyseaux, qui ne vont que la nuit,
Annoncent aux mortels le malheur qui les suit.

Les flambeaux eternels, qui font le tour du monde,
Perçent à longs rayons le noir cristal de l'onde,
Et sont vuz aux trauers si luisants & si beaux,
Qu'il semble que le Ciel soit dans le fonds des eaux.
O nuict, dont la longueur semble porter enuie
Au seul contentement, que possede ma vie:
Retire vn peu tes feux, & permets que le iour
Vienne sur l'horison éclairer a son tour:
A fin que ces beaux yeux, pour qui mon cœur soûpire,
Sçachent auant ma mort l'excez de mon martyre.
Certes, c'estoit en vain que i'auois esperé
De posseder par toy mon repos desiré:
Mes larmes de mon lict ont fait vne riuiere,
I'ay tasché maintefois de fermer la paupiere:
Mais, helas! ie voy bien qu'en ce mal nompareil,
La mort la fermera plustost que le sommeil.
Tenebreuse Déesse, ingrate à ma priere,
Qui te fait si longs temps retarder ta carriere?
Veux-tu par ta longueur aduancer mon trépas?
Mais ie la prie en vain, elle ne m'entend pas,
Celuy de qui le monde admire les merueilles,
La faisant toute d'yeux, ne luy fit point d'oreilles.
Et toy, race des Dieux, belle Nymphe du iour,
Qui n'est pas insensible aux attraits de l'amour,
Agreable lumiere, espoir de tout le monde,
Qui te retient si tard dans le sejour de l'onde?
Où ton ieune desir demeure languissant
Dessous les froids baizers de ton vieil impuissant,
Si de ton beau Chasseur le merite & la flâme
Ont encore pouuoir de captiuer ton ame,
Va ioüir en ses bras de ton souuerain bien,
Et soulage ton mal en soulageant le mien.

Depuis le premier iour que ie vis Artenice,
Et qu'elle prit en gré les vœux de mon seruice,
Ie n'ay fait en tous lieux que plaindre mon tourment,
Sans espoir de treuuer aucun soulagement:
Ce reconfort me reste en ma douleur extrême,
Que ie ne sçay qu'elle m'aime autant comme ie l'aime:
Mais, que me sert de voir ses beaux yeux languissans,
Témoigner d'auoir part aux ennuis que ie sens,
Si ie ne puis ioüir du bon-heur que i'espere
Sans le consentement des parens & du pere,
De qui l'auare faim, qui ne peut s'assouuir
L'empesche de m'aimer, & moy de la seruir?
Ie fay ce que ie puis pour leur estre agreable:
Mais rien ne r'adoucit leur ame impitoyable.
Tout le soing que i'y prends me profite de rien,
Leur esprit aueuglé n'estime que le bien:
Et veulent sans raison contraindre cette Belle,
D'en aymer vn plus riche, & de m'estre infidelle:
Désja leur tyrannie a fait tout son pouuoir,
A fin de m'empescher les moyens de la voir:
Ils éclairent ses pas en quelque part qu'elle aille,
Ils lisent les premiers les lettres qu'on luy baille,
Et pensent follement captiuer ses beaux yeux,
Qui pourroient captiuer les hommes & les Dieux.
Mais l'Amour, qui se loge en vn ieune courage,
N'est pas de ces oyseaux, que l'on enferme en cage.
Elle leur montre bien: car si par leur rigueur
Ils possédent son corps, ie possede son cœur:
Mais le iour n'est pas loing, les ombres s'éclaircissent,
Désja d'estonnement les Estoilles pâlissent,
Et désja les oyseaux ioyeux de son retour,
Commencent dans les bois à se parler d'amour.

A fin de ne point perdre vn temps si fauorable,
Ie vay faire sortir mes brebis de l'estable.

ACTE PREMIER.

SCENE SECONDE.

LVCIDAS. POLISTENE.

LVCIDAS.

SOVS quel astre funeste, ô Destins rigoureux!
Ourdissez-vous le fil de mes ans malheureux:
Ie voy tous mes desseins d'eux mesmes se détruire
Et semble que le Ciel ne se plaist qu'à me nuire.
I'aimois dés mon enfance vne ieune beauté,
A qui rien ne manquoit que la fidelité;
De toutes les vertus, de qui les destinées
Ornent auecques soing les ames les mieux nées.
Chacun prenoit plaisir à voir de iour en iour
Augmenter à la fois nostre âge & nostre amour:
Et la ialouze enuie estoit mesme contrainte
De benir le progrez d'vne amitié si sainte,
Qui bornoit ses desirs aux amoureux apas,
Où ses ans & les miens nous menoient pas à pas:
Mais lors que i'esperois voir l'heureuse iournée,

Qui deuoit de nos vœux accomplir l'Hymenée,
L'iniustice du sort, qui preside à mes iours,
Luy fit tourner ailleurs l'espoir de ses amours,
Et donner cette foy, qu'elle m'auoit promise
Au Berger Alcidor, dont son ame est éprise:
Ce ieune homme tout seul la possede aujourd'huy,
Elle n'a plus d'attraits pour autre que pour luy;
Qui l'en veut diuertir perd son temps & sa peine,
Cela passe l'effect de la puissance humaine,
Il me faut au besoin des Demons pratiquer,
Que l'art de Polistene a pouuoir d'éuoquer.
Cependant que le jour qu'on voit naistre dans l'onde,
Ne chasse point encor les tenebres du monde,
Ie vay sous leur faueur implorer ce vieillard
De me vouloir aider des secrets de son art.
De tout temps sa franchise a chery mon enfance,
Aussi-tost que du iour i'en eus la cognoissance:
Il me témoignera l'effect de sa bonté,
S'il en a le pouuoir comme la volonté.
Ie croy que le voila, qui tout seul se promeine,
Vn liure dans sa main, au long de cette plaine.
Il le faut aborder, pour voir si mon tourment
Peut esperer de luy quelque soulagement.

Pere dont la sçience, en prodiges feconde,
D'horreur & de merueille étonne tout le monde:
Si nostre affection qui nâquit auec moy,
Vous peut rendre sensible au mal que ie reçoy;
Ou si vous voulez faire une œuure memorable,
Et vous montrer sçauant autant que charitable,
Guerissez les ennuis d'un pauure Amant jaloux,
Qui n'attend son repos que du Ciel ou de vous?
J'ayme dés le berceau la Bergere Artenice,

De qui l'esprit leger, méprisant mon seruice,
Au lieu de prendre exemple à ma fidelité,
M'a si legerement pour vn autre quitté,
Qu'il semble que sa fiâme, en cette amour nouuelle,
Ne cherche autre raison que de m'estre infidelle.

POLISTENE.

Mon fils, i'aurois de l'heur, si mon affection
Vous pouuoit secourir en vostre affliction.
Ie sçay combien l'Amour trouble vn ieune courage,
Les tourmens, que i'ay plains au plus beau de mon âge
En suiuant ces plaisirs de pleurs accompagnez,
Me font auoir pitié de ceux que vous plaignez.
Si la part, que ie prends, au mal, qui vous possede
Y pouuoit tenir lieu d'vn vtile remede,
Cette ame, qui sans fard vous a tousjours chery,
Seroit le seul Demon, dont vous seriez guery.
Mais, certes c'est en vain, qu'on a recours aux charmes
Pour éteindre les feux, & se parer des armes
De ce Dieu si petit, & si grand en tous lieux,
„ Le pouuoir des Demons ne peut rien sur les Dieux.
Il faudroit essayer, par quelque jalousie,
De guerir sa raison de cette fantaisie:
Peut-estre cét esprit qui se tourne à tout vent,
Vous aymeroit alors autant qu'auparauant.
Mon fils, vostre riual n'en ayme-t'il point d'autre,
Que celle, où son amour a trauersé la vostre?

LVCIDAS.

Nenny, mais ie sçay bien qu'il doit voir aujourd'huy

Vne ieune beauté qui meurt d'amour pour luy.

POLISTENE.

L'occasion pour vous ne peut estre meilleure,
Pourueu que vous puissiez vous asseurer de l'heure.

LVCIDAS.

C'est vers le haut du iour qu'ils se doiuent treuuer.

POLISTENE.

Il me faut leurs deux noms dans un cerne grauer,
Pour rendre de tous points ma figure accomplie.

LVCIDAS.

L'homme c'est Alcidor, & la fille Ydalie.

POLISTENE.

Mon fils tout ira bien, pourueu que promptement
Vous voyez Artenice, & qu'auec iugement
Vous tâchiez de le mettre en telle défiance,
Que son esprit troublé recoure à ma sçience,
Ie puis dans les objects d'vn cristal enchanté,
D'vn mensonge apparent masquer la verité,
Gouuernez-vous y donc auecque modestie,
Vous verrez son amour en rage conuertie.

LVCIDAS.

I'y vay tout de ce pas: attendez vn moment,
Mon retour de bien peu suiura mon partement.
Soit que ie puisse ou non amener ma cruelle,
Dedans vne heure ou plus vous en aurez nouuelle.

ACTE PREMIER.

SCENE TROISIESME.

ARTENICE. SILENE, son pere.

ARTENICE.

HOnneur, cruel tyran des belles passions,
Qui trauerse l'espoir de nos affections;
De combien de malheurs est la terre feconde,
Depuis que ton erreur empoisonne le monde?
Ce Dieu, dont les Amans reuerent le pouuoir,
Ne recognoissoit point l'empire du deuoir:
Ce fust toy qui premier fit glisser en nostre ame,
Ces folles visions de la honte & du blâme:
Qui premier nous apprint à taire nos desirs,
Qui premier nous apprint à cacher nos plaisirs:

Et dont la tyrannie, aux Amans trop cruelle,
S'opposa la premiere à la loy naturelle.
Petits Oyseaux des bois, que vous estes heureux,
De plaindre librement vos tourmens amoureux:
Les valons, les rochers, les forests & les plaines,
Sçauent également vos plaisirs & vos peines:
Vostre innocente amour ne fuit point la clarté,
Tout le monde est pour vous un lieu de liberté.
Mais ce cruel honneur, ce fleau de nostre vie,
Sous de si dures loix la retient asseruie,
Qu'au plus fort des ennuis, que ie souffre en aymant,
I'ay honte de le dire aux rochers seulement.
Il est vray, ie ressens une secrette flâme,
Qui malgré ma raison s'allume dans mon ame
Depuis le iour fatal, que ie vis sous l'ormeau
Alcidor, qui dançoit au son du chalumeau:
La grace qu'il auoit, me pleut de telle sorte,
Qu'à tous autres objets mon cœur ferma la porte:
Dés l'heure sourdement ie taschay de sçauoir
Les lieux les plus frequents, ou l'on le vouloit voir:
On me dist que c'estoit ou les flots de la Seine
Vont arrozant le pied des coûtaux de Surene.
Et dés le lendemain, en mes plus beaux habits,
Aussi tost qu'il fut iour i'y menay mes brebis:
A peine la premiere entroit en ces herbages,
Où ces fertiles monts étendent leurs ombrages;
Que i'entendis de loing sa musette & sa vois,
Qui troubloit doucement le silence des bois:
Lors tous mes sens rauis de ces douces merueilles,
Mes yeux portent enuie à l'heur de mes oreilles:
Ie passay tout le front par dessus un buisson,
Du costé, d'où venoit cét agreable son,

De quel aimable trait fut mon ame blessée,
Quelle timide ioye entre dans ma pensee,
Lors que i'en vy l'autheur, sous un chesne écarté,
Qui remplissoit le lieu de sa propre clarté?
Tel estoit Apollon au seruice d'Acmette,
Alors que de sa lyre il fit une muzette;
Quand ie vis de plus prés les aimables apas,
Feignant de me cacher, ie redouble le pas:
Mais tousjours dessus luy i'eu la veuë attachée,
Pour voir s'il me verroit auant qu'estre cachée.
Il vint droit où i'estois, il s'approche de moy,
Et me voulant dés lors asseurer de sa foy:
Ces yeux, qui demy morts, dans les miens se mirerent,
Bien mieux que ses discours, de sa foy m'asseurerent:
Alors le cœur ioyeux d'un si riche butin,
Ie rend grace tout bas à mon heureux destin:
Et quand ce ieune amant, apres quelque silence,
Eut lasché maints souspirs auecques violence,
Qui comme prisonniers, sortans tous à la fois,
Ouurirent le chemin à sa timide vois.
Ne pouuant plus celer ce qu'il auoit dans l'ame,
Me declara l'ardeur de sa nouuelle flâme:
Maints Zephirs amoureux, dans les fueilles cachez,
Furent à ce discours par l'oreille attachez,
Et la Nymphe de Seine en sa couche profonde,
Fit cesser pour l'oüir le murmure de l'onde.
Ie ne sçaurois choisir un plus parfait Berger,
Tout le mal que i'y treuue, est qu'il est estranger:
Et la bonne Déesse, à qui dés ma naissance
Mes parens ont remis le soing de mon enfance,
M'apparoit en dormant presques toutes les nuicts,
Et menace mes iours d'incurables ennuis,

Si i'en reçois iamais au lict de mariage,
Qui ne soit de ma race, & de mon voisinage,
Ie ne sçay tantost plus à qui ie dois penser,
Cela me trouble toute, il le faut confesser.
En vain pour ce sujet ie m'efforce de prendre
Aux apas de l'amour le Berger Tisimandre:
Berger aussi parfait, comme il est malheureux,
D'estre depuis cinq ans d'une ingratte amoureux,
Qui n'est pas moins constante à mépriser sa peine,
Qu'est son ame aueuglée en sa poursuite vaine.
Mais quoy? le iour s'augmente, & dérobe à nos yeux
Les roses, dont l'Aurore auoit semé les Cieux.
Il est temps de partir, tout ce que i'apprehende,
Est qu'au cry des aigneaux mon pere ne m'entende,
S'il vient à s'éueiller : ie crains que d'aujourd'huy
Ie ne puisse aisément me défaire de luy.
Sa méfiante humeur de iour en iour s'augmente,
Mon Dieu qu'il est fascheux, que cela me tourmente!
Ie pense que ie l'oy.

SILENE.

Ma fille, à quelle fin,
Voulez-vous aujourd'huy vous leuer si matin?
Le Soleil n'a pas beu l'égail de sa prérie,
Cela mettra le mal en vostre bergerie.

ARTENICE.

Nostre chien qui réuant de moment en moment,
Au loup, que son penser luy forgeoit en dormant,

D'vn veritable loup m'a fait naistre la crainte.

SILENE.

L'inutile soucy, dont vostre ame est atteinte,
Ne m'est que trop cogneu, ie ne puis l'ignorer,
Et c'est ce qui me fait iour & nuict souspirer.
Ie sçay ce qui vous met la puce dans l'oreille,
Ie vis hier icy le loup qui vous réueille:
Mais si tost qu'il me vit il rebroussa ses pas,
Fasché d'auoir treuué ce qu'il ne cherchoit pas.
Il ne faut point pour luy ny rougir ny sousrire.

ARTENICE.

Ie ne puis deuiner ce que vous voulez dire?

SILENE.

A quoy vous sert cela de le dissimuler?
Vous sçauez bien celuy de qui ie veux parler,
Ne me le celez plus, i'ay découuert la mine,
Ce n'est pas auec moy qu'il faut faire la fine.
Ie sçay que vous aimez celuy qui l'autre iour
Menoit le premier bransle en nostre carrefour,
Et souffrez sans mon sçeu l'affection secrette
D'vn Berger incogneu, qui n'a que la houlette.
Il est vray que sa grace est si pleine d'attraits,
Qu'il n'est point de beautez, qui n'en sentent les traits:
Soit qu'il danse, ou qu'il chante, en ses moindres merueilles,
Il arreste sur luy nos yeux & nos oreilles.
Mais ces ieunes Bergers, si beaux & si cheris

Sont

Sont meilleurs pour amants, qu'ils ne sont pour maris,
Ils n'ont aucun arrest, ce sont esprits volages,
Qui souuent sont tous gris auant que d'estre sages;
Et doit-on souhaitter pour leur vtilité,
De voir finir leur vie auecques leur beauté:
Semblables à ces fleurs, dont Venus se couronne,
De qui iamais les fruicts n'enrichissent l'Automne:
Oubliés, oubliés l'amour de ce Berger,
Et prenez en son lieu quelque bon ménager,
De qui la façon masle à vos yeux moins gentille
Témoigne vn esprit meur à regir sa famille:
Et dont la main robuste au métier de Cerés
Fasse ployer le soc en fendant les guerets.
Vous estes grande assez, vous deuriez estre sage,
Et plutost projetter quelque bon mariage,
Que de vous amuser à ces folles amours.

ARTENICE.

Mon pere, à quelle fin tendent tous ces discours?
Si i'hante Alcidor, en dois-ie estre blâmée,
Ce n'est ny pour l'aimer, ny pour estre aimée?
Ie n'ay point fait deçein d'en faire mon espoux,
Ie ne veux point auoir d'autre mary que vous,
Tandis que vous aurez mon seruice agreable,
Ce me sera, mon pere, vn bien inestimable,
De meurir auec vous la fleur de mon printemps
Auant que d'en partir.

SILENE.

C'est comme ie l'entends,

Et certes le ſeul bien à quoy ie veux pretendre,
Eſt qu'auant mon trépas vous me donniez un gendre,
Dont le bon naturel me venant à propos,
Me donne le moyen de mourir en repos.
Ie n'auray plus regret de luy quitter la place,
Quand ie verray mon ſang reuiure en voſtre race:
Ie croy que Lucidas ſeroit bien voſtre fait,
La fortune luy rit, tout luy vient à ſouhait:
De vingt paires de bœufs il ſeillonne la plaine,
Tous les ans ſes acqueſts augmentent ſon domaine;
Dans les champs d'alentour on ne void aujourd'huy
Que cheures & brebis, qui ſortent de chez luy:
Sa maiſon ſe fait voir par deſſus le village,
Comme fait un grand cheſne au deſſus d'un boccage;
Et ſçay que de tous temps ſon inclination
Nous a donné ſes vœux, & ſon affection:
Mais le voicy qui vient au long de cette roche,
Ie m'en vay vous quitter auant qu'il ſoit plus proche;
Bien qu'Amour ſoit enfant, c'eſt un enfant diſcret,
Qui n'oſeroit parler s'il ne parle en ſecret.

ACTE PREMIER.

SCENE QVATRIESME.

LVCIDAS. ARTENICE.

LVCIDAS.

AGREABLE ſujet de mes inquietudes,
Aprés tant de mépris, & tant d'ingratitudes,

Puis qu'à la fin mon cœur vomissant son poison,
Au lieu de son trépas treuue sa guérison:
Bien que vous me quittiez pour en aimer vn autre,
Sçachez que ie plains moins mon malheur que le vostre.
Et que le seul dépit, dont ie suis enflâmé,
Est de voir mépriser ce que i'ay tant aimé:
Quand vostre Amant nouueau pour comble de folie,
Prefere à vos beautez les beautez d'Ydalie.

ARTENICE.

Autant que vostre espoir eut de presomption,
Quand il creut auoir part à mon affection,
Autant vostre creance est iniuste & cruelle,
Lors que vous m'accusez de vous estre infidelle:
Ce que i'engage ailleurs ne fut iamais à vous,
Vous n'en deuez point estre amoureux ny ialous,
Ma perte vous apporte aussi peu de dommage
Qu'à moy le changement de ce Berger volage,
Et certes sans raison vous m'en parlez ainsi,
Cela ne mettra point mon esprit en soucy.

LVCIDAS.

Ie n'ay point ce deçein, la chose est asseurée
Par la foy qu'ils se sont l'vn à l'autre iurée.

ARTENICE.

Qu'ils fassent à leur gré, ie n'y demande rien,
Ie ne regrette point ce qui n'estoit point mien:
Le Ciel rende en leurs voeux la fortune prospere,

Ie quitte de bon cœur la part que i'en espere.
Mais comment, Lucidas se seroient-ils promis
Sans le consentement de parens ny d'amis?

LVCIDAS.

Ils ont fait & bien pis, c'est chose trop certaine,
Que souuent dans vn bois sur la riue de Seine
Ils ioüissent desja des plus secrets plaisirs,
Dont Hymen assouuit les amoureux desirs:
Ie sçay bien le moyen d'en sçauoir des nouuelles,
Ie cognois vn deuin de mes amis fidelles,
Qui me doit faire voir, par ses enchantemens
Toutes les priuautez de ces ieunes Amans:
I'espere auant midy d'en voir faire l'épreuue.

ARTENICE.

A quelle heure, Berger, est-ce que l'on le treuue?

LVCIDAS.

Si vous le voulez voir, il faut prendre le temps
Que ces ieunes Bergers rendent leurs vœux contens:
C'est vers le haut du iour, lors que de ces campagnes
L'ombrage est retiré iusqu'au pied des montagnes,
Quand le Soleil est presque au milieu de son cours.

ARTENICE.

Ie n'ay point d'interest à leurs folles amours:
Mais ie prendray plaisir à voir l'experience

Des effets merueilleux, que produit sa ſcience.

LVCIDAS.

Treuuez-vous donc tantoſt ſur le bord de cette eau,
Et conduiſés vos pas deuers vn vieux Chaſteau,
Maintenant des Lutins l'effroyable demeure,
C'eſt, où ie me promets de vous voir en vne heure.
Là ſous vn cheſne creux, de fourmis habité,
Dont la ſeule groſſeur montre l'antiquité,
Se void dans vn rocher ſur la riue où nous ſommes,
Vn antre plus hanté des Demons que des hommes,
Qu'vne viorne épaiſſe encloſt tout à l'entour,
C'eſt de ce vieux deuin l'ordinaire ſejour.
Cette belle trompeuſe en fin ſera trompée,
Ie la verray bien toſt dans le piege attrapée,
Et verray cêt eſprit, qui fait tant le ruzé,
Vômir bien toſt le feu, dont il eſt embrazé.
Ie m'en vais ce pendant tout le long de la Seine
Par vn autre chemin retreuuer Poliſtene,
A fin de l'aduertir d'appreſter promptement
La glace deſtinée à ſon enchantement:
Il eſt vray ie commets vne grande malice,
Mais ce n'eſt pas moy ſeul, le Ciel dont l'artifice
Couure de tant d'apas, tant d'infidelité,
Eſt le premier autheur de ma méchanceté.

Chœur des jeunes Bergers.

SVs, Bergers, qu'on ſe résjouïſſe,
Et chacun de nous jouïſſe

Des faueurs qu'Amour luy depart:
Ce bel âge nous y conuie,
On ne peut trop tost, ny trop tard
Goûter les plaisirs de la vie.

Suiuons ce petit Roy des ames,
De qui les immortelles flâmes
Gardent Nature de perir:
Choisissons le pour nostre maistre,
Et ne craignons point de mourir
Pour celuy qui nous a fait naistre.

L'Astre doré, qui sort de l'onde,
Promet le plus beau jour au monde,
Que puissent choisir nos desirs:
Tout rit à sa clarté premiere,
Qui semble apporter les plaisirs,
En nous apportant la lumiere.

Désja les plus belles Bergeres
Sont assizes sur les fougeres,
Chacune auecques son Amant:
Un beau feu leur ame consume,

Et nous autres sans mouuement
Sommes encore dans la plume.

Fuyons cette molle demeure,
Il faut cherir cette belle heure
Pendant qu'on en est possesseur:
Tout le reste de la iournée
N'a rien d'égal à la douceur
Des plaisirs de la matinée.

En l'orient de nos années,
Tout le soing de nos destinées,
Ne tend qu'à nous rendre contens,
Les delices en sont voisines,
Et l'Amour amy du Printemps
A plus de fleurs, & moins d'épines.

Lors que ce bel âge s'écoule,
Les soucis nous viennent en fouls,
Venus se retire autre part:
Conseruons-en tousjours l'enuie,
On ne peut trop tost, ny trop tard
Goûter les plaisirs de la vie.

ACTE SECOND.

SCENE PREMIERE.

LE SATYRE.

D'Où me vient hors de temps cette boüillante rage?
Quelle nouuelle ardeur s'allume en mõ courage?
Ie ne fais iour & nuict, ny veillant, ny dormant,
Que soûpirer le mal que ie souffre en aymant,
Depuis que les attraits de la belle Ydalie
Ont faict naistre en mon cœur cette douce folie.
Pourquoy mon vain espoir viens tu m'entretenir
D'vn bien, ou mes trauaux ne sçauroient paruenir?
O Dieu, qui sous tes loix tiens mon ame asseruie,
Donne m'en le merite, ou m'en oste l'enuie!
Elle n'a point d'égard à l'excez de ma foy,
Si tost qu'elle me void, elle s'enfuit de moy,
Pour aymer vn mignon de qui le beau visage
Empruntant de l'Amour le pouuoir & l'image
A de plus doux appas, & plus selon ses vœux
Que ces membres velus, robustes & nerueux.
Plus ie luy fay de bien, plus elle m'est cruelle:
Ie ne cueille des fleurs, ny des fruicts que pour elle!
Lors que de son logis elle sort au matin,
Ie paue son chemin de lauande & de tin:
Sous l'habit d'vn Berger souuent ie me déguise,
I'arrache mes sourcils, ie me farde, & me frise:

Mais tout ce que ie fais ne me profite rien:
Peut-estre son desir s'accorderoit au mien,
Si dessous les efforts de ma flâme incensée
Sa pudeur pouuoit dire auoir esté forcée.
Ie sçay que le matin elle ne manque pas
De prendre dans les eaux conseil de ses appas,
A fin qu'vn element aussi perfide qu'elle,
Luy montre à me dresser quelque embusche nouuelle:
Dans ce buisson épais, loing du monde & du iour,
Ie m'en vay me cacher pour la prendre au retour.

ACTE SECOND.

SCENE SECONDE.

YDALIE. TISIMANDRE.
LE SATYRE.

YDALIE.

AGREABLES deserts, bois, fleuues & fontaines,
Qui sçauez de l'amour les plaisirs & les peines,
Est-il quelque mortel esclaue de sa loy,
Qui se pleigne de luy plus iustement que moy?
Ie n'auois pas douze ans, quand la premiere flâme
Des beaux yeux d'Alcidor s'alluma dans mon ame.
Il me passoit d'vn an, & de ses petits bras
Cueilloit désja des fruicts dans les branches d'embas,

L'amour qu'à ce Berger ie portois dés l'enfance,
Creut insensiblement sa douce violence;
Et iusques à tel point s'augmenta dans mon coeur,
Qu'à la fin de la place il se rendit vainqueur.
Deslors ie prins vn soin plus grand qu'à l'ordinaire
De le voir plus souuent, & tâcher à luy plaire;
Mais ignorant le feu, qui depuis me brûla,
Ie ne pouuois iuger d'où me venoit cela,
Soit que dans la prérie il vist ses brebis paistre,
Soit que sa bonne grace au bal le fist parestre,
Où soit que dans le Temple il fist priere aux Dieux,
Ie le suiuois par tout de l'esprit & des yeux,
A cause de mon âge & de mon innocence
Ie le voyois alors auec plus de licence,
Et souuent tous deux seuls libres de tout soupçon,
Nous passions tout le iour à l'ombre d'vn buisson:
Il m'appelloit sa soeur, ie l'appellois mon frere,
Nous mangions mesme pain au logis de mon pere;
Ce pendant qu'il y fut nous vescumes ainsi,
Tout ce que ie voulois il le vouloit aussi.
Il m'ouuroit ses pensers iusqu'au fond de son ame,
De baisers innocens il nourrissoit ma flâme:
Mais dans ces priuautez, dont l'Amour se masquoit,
Ie me doutois tousiours de celle qui manquoit,
Et combien que désja l'amoureuse manie
M'augmentast le plaisir d'estre en sa compagnie;
Ie goûtois neantmoins auec moins de douceur
Ces noms respectueux de parante & de soeur:
Combien de fois alors ay-ie dit en moy-mesme,
Ayant les yeux baissez, & le visage blesme:
Beau chef-d'oeuure des Cieux, agreable Pasteur,
Qui du mal que ie sens estes le seul Autheur,

Auec moins de respect soyez moy fauorable,
Ne soyez point mon frere, ou soyez moins aimable;
Mais quoy ? cêt aueuglé ne me regarde pas,
Et quelquefois songeant aux aimables appas,
Dont vne autre Bergere a son ame blessee,
Me contraint de conter son amour insensée.
A l'heure mes douleurs perdent tout reconfort,
Comme si i'entendois ma sentence de mort.
Si la ciuilité m'oblige à luy respondre,
Ie sens au premier mot mon discours se confondre,
Ie ne sçay que luy dire, & mon esprit troublé
Témoigne assez l'ennuy dont il est accablé.
Aprés cêt entretien: si la nuict nous separe
I'apprehende le mal que le lict me prepare,
Alors que mes pensers de mon aise enuieux
Deffendent au sommeil d'approcher de mes yeux:
Il est vray qu'au matin aucunefois les songes
Me deçoiuent les sens par de si doux mensonges,
Qu'encore que ie d'eusse éuiter ses attraits,
Ie ne puis m'empescher d'y repenser apres;
Ce qui fait que ma peine est encore plus griéue,
Est que ie perds l'espoir d'y voir iamais de tréue.
Cêt aimable Berger est pris en des liens,
Qu'il ne quittera pas pour s'enchaisner aux miens:
La Bergere Artenice a captiué son ame,
Le Ciel mesme benit leur amoureuse flâme,
Et comme à la plus belle a choisi iustement
Le plus beau des Bergers pour estre son Amant.
Moy ie suis cependant reduite à me deffendre
Des importunités du fascheux Tisimandre,
Qui tout le long du iour, malgré tous mes efforts
Ne me quitte non plus que l'ombre fait le corps.

Ie pense que voila ce pauure temeraire,
Qui rumine tout seul sa folie ordinaire:
Il ne faut dire mot, s'il entendoit ma vois
Il me viendroit chercher iusqu'au fond de ces bois.

CHANSON DE TISIMANDRE.

DONC aprés tant de maux souffers,
Il faudra mourir dans les fers,
Où les yeux d'vne ingrate ont mon ame asseruie,
Ie n'en puis eschapper,
On ne les peut coupper,
Qu'on ne couppe auec eux le filet de ma vie.

Mes cris sont par tout élancez,
Les pleurs que mes yeux ont versez
Ont faict dans ces dezers de nouuelles riuieres:
I'inuoque tous les Dieux
Des enfers & des Cieux,
Et pas vn que la mort n'exauce mes prieres.

A grand pas elle vient à moy,
Deuant elle marche l'effroy,
L'Amour triste & pensif à ses pieds rend les armes:
Et ce monstre inhumain
Arrache de sa main
Son flambeau pour l'éteindre en vn fleuue de larmes.

Elle eût désja faict ses efforts
Pour me deliurer de ce corps
Où mon esprit captif, souffre des maux sans nombre:
Mais l'extrême tourment
Me change tellement,
Qu'elle croit qu'à present ie ne sois plus qu'vne ombre.

Dernier espoir des langoureux,
Seul azile des malheureux,
Inhumaine Déesse acheue ton ouurage;
Tu feras ton deuoir,
Et moy ie feray voir,
Qu'ayant beaucoup d'amour, i'ay beaucoup de courage.

Mon cœur est las de soûpirer,
Mes yeux sont lassez de pleurer,
Le Ciel mesme est lassé de m'oüyr tousiours plaindre:
Denué de tout bien
Ie n'espere plus rien,
Et n'esperant plus rien, ie n'ay plus rien à craindre.

Mes ans ont acheué leurs cours,
Desormais ie voy que les iours
M'accordent à regret leur clarté coûtumiere:
O malheur sans pareil,
En seruant vn Soleil,
Ie verray de ma vie éteindre la lumiere.

Heureux si ma longue amitié
L'émouuoit alors à pitié,
Et qu'elle eût quelque part à ma douleur profonde:

Pour le moins en ma mort
I'aurois ce reconfort,
Que ie serois pleuré des plus beaux yeux du monde.

YDALIE.

O Dieux ! il vient icy, que luy pourray-ie dire?

TISIMANDRE.

Adorable beauté, que tout le monde admire,
Voulez-vous de ce bois les tenebres chasser,
Que le iour seulement n'a jamais sçeu perser?
Quel miracle de voir en ce lieu triste & sombre
Vne Déesse en terre, & le Soleil à l'ombre,
Qui vous mene en ces lieux solitaires & doux?

YDALIE.

Rien que le seul desir de m'éloigner de vous.

TISIMANDRE.

C'est bien fait de fuyr l'abord d'vn miserable.

YDALIE.

Celuy d'vn importun est bien moins agreable.

TISIMANDRE.

Nommez-vous mon seruice vne importunité?

YDALIE.

Me voulez-vous aymer contre ma volonté?

TISIMANDRE.

N'auez-vous point pitié d'un cœur qui s'humilie?

YDALIE.

Si i'ay pitié de vous, c'est de vostre folie.

TISIMANDRE.

Est-ce là le loyer de mon affection?

YDALIE.

C'est trop long-temps souffrir la persecution:
Si vous ne me laissez, il faut que ie vous laisse.

TISIMANDRE.

O cruauté du sort, qui n'as jamais de cesse!
A quelle nuict d'ennuis me dois-ie preparer,
Puis que ce beau Soleil ne veut plus m'éclairer?

YDALIE.

Que i'ay le cœur ioyeux de ce qu'il m'a quittée,
Dieux! qu'il est mal plaisant, que i'en suis tourmentée.

Ie ne sçay tantost plus où ie me dois cacher,
Tant il est importun à me venir chercher:
Ce qui me déplaisoit en sa perseuerance,
Et ce qui me donnoit autant d'impatiance,
Est le desir que i'ay d'aller voir auiourd'huy
Le Berger Alcidor, que i'ayme mieux que luy:
Il le faut auouër, bien que cette belle ame
Soit esclaue d'vne autre, & méprise ma flâme:
Sa grace naturelle est si pleine d'apas,
Qu'il faut que ma raison mette les armes bas.
I'ay long-temps disputé, si ie luy deuois dire
L'amoureuse douleur, dont mon ame soûpire:
Mais puis que de la sienne il m'importune tant,
Ie croy que sans rougir i'en puis bien faire autant.

LE SATYRE.

En fin ie joüiray de celle que i'adore.
La voicy qu'elle vient plus belle que l'Aurore:
I'ay vaincu ces vainqueurs, qui souloient me brauer;
Ie vous tiens, ie vous tiens, rien ne vous peut sauuer.

YDALIE.

Quoy? meschant prenez-vous les filles de la sorte?
A l'aide mes amis, à l'aide ie suis morte!

LE SATYRE.

Vous ne sçauriez mourir d'vne plus douce mort.

TISIMANDRE.

Vilain arrestez-vous, quel furieux transport,

Vous

Vous a faict profaner le corail de ces levres?
Allez bouquin puant faire l'amour aux chevres.
Cher objet de mes vœux, beaux astres inhumains,
Comme estes-vous tombée en ces barbares mains?
Ces roses & ces lys, où la beauté se mire,
Ne sont point destinez à l'amour d'un Satyre.
Le Ciel qui de son oeuvre est luy mesme amoureux,
Reserue à leur merite un destin plus heureux:
C'est le iuste loyer d'un seruiteur fidelle,
Qui depuis cinq moissons, plein d'amour & de zele
Surmontant la tempeste & les vents ennemis,
Est demeuré constant en ce qu'il a promis.

YDALIE.

Ie vous entends venir, il ne faut plus vous feindre,
Vous parlez de vous-mesme, & me voulez contraindre
D'accorder à vos voeux par obligation,
Ce que l'on n'a de moy que par affection:
Ie ne vous puis aymer, quoy que vous puissiez dire,
Remettez-moy plustost és mains de ce Satyre:
Quand ie serois contrainte à l'auoir pour époux,
I'en aurois moins d'horreur que ie n'aurois de vous.

TISIMANDRE.

Est-ce là le loyer de vous auoir sauuée
De ce monstre hydeux, qui vous eut enleuée?
O Dieux! elle s'en va sans vouloir m'écouter,
Mes raisons, ny mes pleurs ne sçauroient l'arrester:
De quelle folle amour est mon ame enflâmée?
De quel enchantement est ma raison charmée?

Que de tant de beautez que la Seine produit,
Mon coeur ne fasse choix que d'vne qui me fuit?
Si ie voulois aymer la Bergere Artenice,
Elle satisferoit aux voeux de mon seruice:
Ses attraits sont puissans, il n'est coeur de rocher,
Qui de sa douce humeur ne se laisse toucher.
Ie ne voy que Bergers, qui soûpirent pour elle,
Et tous, excepté moy, la treuuent la plus belle:
Mais ie croy que mes yeux sont complices du sort,
Qui malgré ma raison a conspiré ma mort.
Cette ieune beauté que i'ay tant méprisée,
Ne se refroidit point pour se voir refusée,
Et me témoigne assez l'amour qu'elle a pour moy,
Par le soin qu'elle prend de m'attirer à soy:
Certes i'en suis honteux, & ne sçay que luy dire
Quand son teint qui rougit, & son coeur qui soûpire,
En s'approchant de moy me disent sans parler
Le mal que le respect luy contraint de celer:
Ie croy que la voila toute triste & pensiue,
Qui va cueillant des fleurs au long de cette riue.

ACTE SECOND.

SCENE TROISIESME.

ARTENICE. TISIMANDRE.

ARTENICE.

QVE Lucidas est long! qu'en ce retardement
La crainte & le desir me donnent de tourment!

Voicy l'heure & la place ou ie le dois attendre,
Cette vieille mazure est où ie me dois rendre:
Dans cêt antre remply de tristesse & d'horreur,
Et où ma passion doit finir son erreur,
Ie sens l'impatience en mon ame s'accroistre.
De cognoistre le mal que i'ay peur de cognoistre,
Qui me fait sans besoin découurir vn peché,
Qui ne m'offençoit point lors qu'il m'estoit caché.
Sous les plaisirs d'Amour souuent la jalousie
Aprés s'estre couuée en nostre fantaisie,
Par nostre propre faute éclost de grands malheurs,
De mesme qu'vn serpent endormy sous des fleurs.
O Dieux! qui sçauez tout en quelle inquietude
Demeure mon esprit en cette incertitude:
Qu'vn quart d'heure à passer me donne de soucy?

TISIMANDRE.

Elle ne me voit pas, elle viendroit icy.

ARTENICE.

Il n'en faut plus parler la pierre en est iettée.

TISIMANDRE.

Quelque chose la fâche, elle est inquietée.

ARTENICE.

Mais ne cognois-ie point ce Berger arresté,
Que i'entre-voy de loing dedans l'obscurité?

Helas ! c'est Tisimandre ! il montre à son visage
Qu'vn sanglant desespoir luy ronge le courage.
Il le faut aborder ; peut-estre qu'à present
Qu'il ressent dans son ame vn déplaisir cuisant
D'auoir de ses trauaux si peu de recompence,
Il sera plus aisé d'ébranler sa constance.
Puis que dessus la Seine il ne reste auiourd'huy
Du sang de mes ayeuls aucun homme que luy,
En luy faisant changer cette amour obstinée
I'accorderois la mienne auec ma destinée.
Berger que dites-vous ? quel tourment excessif
Vous rend le teint si pasle & l'esprit si pensif ?
N'oubli'rez-vous iamais cette Nymphe cruelle,
Qui se rit des ennuis que vous souffrez pour elle ?
On ne peut à bon droict estimer bon Nocher
Celuy qui tous les iours heurte vn mesme rocher.
Guerissez vostre esprit, remettez-le en vous mesme,
Fuyez ce qui vous fuit, aymez ce qui vous ayme :
Celuy, certes, Berger est digne de mourir,
Qui void sa guérison, & ne veut pas guérir.

TISIMANDRE.

Il est vray que mon mal tout autre mal excede
De n'estre pas guéry par vn si beau remede ;
Ie suis bien en cela dépourueu de conseil
De vouloir preferer vne Estoille au Soleil :
Ie sçay vostre merite, & sçay que ma cruelle
Ne doit qu'à mon malheur le choix que i'ay fait d'elle !

ARTENICE.

Comm'auez-vous fait choix de cêt esprit ruzé.

Qui d'vn autre Berger a le cœur embrazé?

TISIMANDRE.

Quoy le feu de quelqu'autre à t'il pû treuuer place
Dans ce cœur qui pour moy n'est que roche & que glace?

ARTENICE.

Estes-vous si nouueau que de ne sçauoir pas
Que c'est pour Alcidor qu'elle tend ses appas?

TISIMANDRE.

Combien que ce Berger soit tousjours auec elle,
Ie sçay que leur amour n'est qu'amour fraternelle,
Et n'y sçaurois encor' aucun mal conceuoir.

ARTENICE.

Bien tost la verité vous fera tout sçauoir:
Deuant que le Soleil se recache dans l'onde,
Leur feu sera visible aux yeux de tout le monde:
Oubliez, oubliez cette ingrate beauté,
Vous treuuerez ailleurs plus de facilité.
Deffendez à vos voeux cette perseuerance,
Perdez-en le desir auecques l'esperance.

TISIMANDRE.

Ce conseil seroit bon à quelque autre qu'à moy,
Qui fust encore libre & maistre de sa foy:

ARTENICE.

Bien que pour son amour vous l'ayez destinée
N'en estant point receuë elle n'est point donnée,
Elle est encore à vous pour en disposer mieux.

TISIMANDRE.

Helas ! il faudroit donc que i'eusse d'autres yeux;
Car ces beautez aux miens y sont ce que les vostres
Sont aux riues de Seine aux yeux de tous les autres:
Il faut bien qu'à present mon cœur soit hors de soy
De n'estre point touché des charmes que ie voy.
Vostre beauté n'est point pour estre méprisée.

ARTENICE.

Ny vostre affection pour estre refusée.

TISIMANDRE.

Ie ne sçay de quels yeux ie puis voir vos attraits,
Et ne point ressentir leurs flâmes & leurs traits?

ARTENICE.

Ie ne sçay de quels yeux l'on peut voir vos seruices,
Et n'estre point sensible à tant de bons offices.

TISIMANDRE.

Vous attirez les cœurs auec vn tel aimant,

Que qui n'a point d'amour, n'a point de sentiment.

ARTENICE.

Vous aymez & seruez auec tant de constance,
Que qui n'a point d'amour n'a point de cognoissance.

TISIMANDRE.

Ie sçay que vos appas sont adorez de tous,
Et si i'auois deux cœurs i'en aurois vn pour vous:
Mais le mien desormais n'est plus en ma puissance.

ARTENICE.

L'on ne peut trop loüer vostre perseuerance:
Ie voudrois que l'Amour qui vous peut émouuoir
Auecque le desir m'eût donné le pouuoir
De vous faire oublier ce cœur inexorable.

TISIMANDRE.

Cessez, Belle, cessez de m'estre fauorable,
Lors que i'ay méprisé l'heur de vostre amitié,
I'ay rendu mon tourment indigne de pitié:
Quiconque vous a veuë, & ne tâche à vous plaire,
N'est pas digne de voir le iour qui nous éclaire:
Souffrez donc que du sort le iuste châtiment
Punisse mon amour de cêt aueuglement:
A fin que vos beautés a qui i'ay fait l'offence,
Puissent par mon trépas en auoir la vengeance.

ARTENICE.

Ie ne gaigneray rien contre cét obstiné,
Le mal qui le possede est trop enraciné:
Il n'entend point raison, mon entreprise est vaine,
Il ne veut pas guérir, il se plaist en sa peine,
Il s'en va tout courant la mettre en liberté
Dans les antres affreux d'un dezert écarté,
Qui ne sont point si noirs que sa melancolie,
Ny leurs rochers si durs que le coeur d'Ydalie.
Pour moy ie veux sçauoir si i'auray tout perdu,
Lucidas ne vient point: c'est assez attendu,
Ie m'en vais le chercher pour passer mon enuie
De sçauoir du deuin, ou ma mort, ou ma vie.

ACTE SECOND.

SCENE QVATRIESME.

POLISTENE. LVCIDAS, ARTENICE.

POLISTENE.

AV creux de ces rochers, d'où l'eternelle nuict
A chassé pour iamais la lumiere & le bruit:
I'ay choisi mon sejour loing de la multitude,
Pour iouïr en repos du plaisir de l'estude:

Par elle tous les iours comme maistre absolu,
Ie fais faire aux Demons ce que i'ay resolu,
Et mon pouuoir cogneu dans tous les coings du monde
Met sans dessus dessous, le Ciel, la terre & l'onde:
Des iours ie fais des nuicts, des nuicts ie fais des iours;
I'arreste le Soleil au milieu de son cours,
Où la honte qu'il a d'obeyr à mes charmes,
Souuent luy fait noyer son visage de larmes:
Les broüillards par le frein de mes enchantemens
Dans le vague de l'air changent leurs mouuemens,
Et portent où ie veux de l'onde, ou de la terre
La tempeste, le vent, la gresle & le tonnerre.
Quand le fier Aquilon, l'horreur des Matelots,
Met la guerre ciuile en l'Empire des flots;
Bien qu'il ait de Neptune irrité la puissance,
Mon seul commandement excuse son offence:
Bref, ie suis tout puissant, si tost que des Enfers
Mon art a deliuré les esprits de leurs fers:
N'est-il pas vray, Demons, spectres, images sombres,
Noirs ennemis du iour, phantosmes, lares, ombres,
Horreur du genre humain, trouble des elemens?
Qu'est-ce qui vous rend sourds à mes commandemens?
Que retardez vous tant? he! quoy trouppe infidelle
Ne cognoissez vous pas la voix qui vous appelle?
Découurés des enfers le funeste appareil,
Que l'horreur de la nuict fasse peur au Soleil,
Faites couler le Stix dessus nostre hemisphere,
Et faictes seoir Pluton au thrône de son Frere:
Tonnez, gresleZ, venteZ, estonneZ l'vniuers,
MontreZ vostre pouuoir & celuy de mes vers:
Et vous qui dans vn verre en formes apparentes,
Imitez des absents les actions presentes,

Faictes voir Ydalie auec son fauory
Iouïr des priuautez de femme & de mary,
A fin que sa riuale en voyant cette feinte
Quitte la passion dont son ame est atteinte,
Et que de ce tyran qu'on craint mesme aux Enfers
Nous brizions auiourd'huy les prisons & les fers.

LVCIDAS.

Voila, ma belle ingrate, où le deuin demeure,
Si vous le voulez voir, allons tout à cette heure,
Car ie l'entends déja sur le haut de ces monts
D'une voix éclatante inuoquer les Demons.

ARTENICE.

Allons donc Lucidas.

LVCIDAS.

Allons belle Artenice
Sçauoir de mon riual l'infidelle artifice.

POLISTENE.

Mais ie croy que désja voila ce pauure Amant
Qui cherche dans mon art la fin de son tourment.

LVCIDAS.

Venerable Vieillard, dont l'obscure sçience
Ne tire sa raison que de l'experience,

Et dont nos sens rauis, & non pas satisfaicts
D'vne cause incogneuë admirent les effects,
Quand vostre art leur découure en ces noires merueilles
Les secrets ignorez des yeux & des oreilles,
Ie vous viens retreuuer desireux de sçauoir
Ce que dans vostre glace il me doit faire voir:
Permettez qu'auec moy cette ieune Bergere
Contente son desir à voir ce qu'elle espere.

POLISTENE.

Mon fils, ie le veux bien, vous pouuez librement
De tout ce que ie puis vser absolument:
Mais ie crains que cette ame encore ieune & tendre
Ne transisse de peur, mais qu'il luy faille entendre
Les foudres éclattans & les horribles cris,
Que font autour de moy ces bijarres esprits.

ARTENICE.

Non, non, ne craignés point ie suis bien asseurée.
Auant que d'y venir ie m'y suis preparée.

POLISTENE.

Ie vay donc de ce pas mes charmes commencer,
Ne bougez de ce lieu, gardez d'outrepasser
Les bornes de ce cerne imprimé sur la terre:
Ne vous ennuyez point, ie vay querir le verre,
Où mes enchantemens feront voir à vos yeux,
Ce que le monde croit n'estre veu que des Dieux.

ARTENICE.

Nous attendrons long-temps.

LVCIDAS.

C'est ce que i'apprehende!
Mais il faut treuuer bon tout ce qu'il nous commande?

ARTENICE.

Dieux! qu'est-ce que ie voy!

LVCIDAS.

Dieux! qu'est-ce que i'entends;

ARTENICE.

Que de monstres hydeux!

LVCIDAS.

Que de feux éclatans,
D'horribles tourbillons, d'éclairs & de tempestes
Dans ce nuage épais s'assemblent sur nos testes.

ARTENICE.

Tout le Ciel est couuert d'vne noire vapeur.

POLISTENE.

Ne vous étonnez point, vous n'aurez que la peur.

ARTENICE.

Faictes donc appaiser cêt horrible tonnerre,
Qui semble menacer le Ciel, l'onde & la terre.

POLISTENE.

Courage mes enfans, bien tost ie me promets
De vous rendre le iour aussi clair que iamais.

ARTENICE.

Ie croy qu'il dira vray, la nuë est dissipée,
La terre de broüillards n'est plus enuelopée.
Son sçauoir admiré des ames & des yeux,
Rend le beau temps au monde, & le Soleil aux Cieux.
Dieux! que sur ces Demons il s'est acquis d'Empire,
Voyez quel changement, ils font ce qu'il desire,
Et semble qu'il les tient sous son pouuoir enclos,
Comme Æole les vents, ou Neptune les flots.

POLISTENE.

Tenez ieunes Bergers considerez ce verre,
C'est le portrait naïf des secrets de la terre.
Maintenant que mon art a sa puissance ioint,
Luy fait rendre à nos yeux les objects qu'il n'a point.

Commencez-vous à voir?

LVCIDAS.

Nous commençons à peine
A découurir vn peu des deux bords de la Seine,
Qui ſerrant en ſes bras ces beaux champs plantureux,
Fait cognoiſtre à chacun l'amour qu'elle a pour eux:
Quel éclat de grandeurs reluit en ces riuages,
Quel amas de Palais riches de leurs ouurages,
Où la nature & l'art ſemblent de tous côtez
Diſputer à l'envy le prix de leurs beautez?
Que ces ruiſſeaux d'argent fugitif des fontaines
Coulent de bonne grace au trauers de ces plaines.
Voyez-vous au deſſous de ce petit couppeau
Le Berger Alcidor qui meine ſon trouppeau?

ARTENICE.

Ouy? certes, ie le voy bien prés de ſa Maiſtreſſe,
On recognoiſt aſſez le deſir qui les preſſe.

LVCIDAS.

Le vermillon leur vient, ils entrent dans le bois,
Tous deux ſous vn ormeau s'aſſiſent à la fois.
Que ie voy de baiſers prins à la deſrobée.

ARTENICE.

O Dieux! en quel malheur ſe voit-elle tombée,
Que leurs ſales plaiſirs, deteſtez en tous lieux,

Font de peine à mon cœur, & de honte à mes yeux:
Que long-temps cêt affront viura dans ma memoire.

LVCIDAS.

Au moins vous l'auez veu; vous n'en vouliez rien croire.

ARTENICE.

Je n'en ay que trop veu pour mon contentement;
Peut-on plus se fier en la foy d'vn Amant?
Va, triomphe à ton aise, esprit plein d'artifice
De l'honneur d'Ydalie, & du cœur d'Artenice,
En me voyant punie auec indignité
De m'estre trop fiée en ta legereté.
Quant à moy desormais le seul bien que i'espere
Est de passer ma vie au fond d'vn Monastere,
Ou sage à mes dépens ie veux à l'aduenir,
Au seul amour des Dieux mes volontez vnir.

LVCIDAS.

Vous pleurez vne perte indigne de vos larmes,
La faute est à ses yeux, & non pas à vos charmes,
Qui pourroient arrester les coeurs les plus legers,
Et contraindre les Dieux d'estre encore Bergers.

ARTENICE.

Que seruent Lucidas toutes ces flateries,
Ie ne me repais plus de vos cajoleries,
Ie prends congé du monde & de ses vanitez,

Qui succrent le venin de tant d'impietez ;
Adieu donc pour iamais plaisirs pleins d'amertume,
Adieu vaine esperance, où l'âge se consume,
Adieu feux insensez autheurs de mes ennuis,
Adieu doux entretien, où ie passois les nuits,
Adieu rochers & bois, adieu fleuues & plaines,
Qui sçauiez de mon cœur les plaisirs & les peines :
Adieu sages parens, de qui les bons aduis
En mon aueuglement furent si mal suiuis,
Adieu pauure Berger, dont la perseuerance
Reçoit de mon amour si peu de recompence;
Adieu sage Vieillard, dont l'art prodigieux
Fait que la verité se découure à mes yeux:
Adieu pauures brebis, que i'ay tant delaissées
Pendant qu'vn autre soin occupoit mes pensées:
Adieu donc Lucidas, encore vn coup adieu
Ie vay finir mes iours dedans quelque sainct lieu,
Où iamais le malheur ne me pourra déplaire.

LVCIDAS.

Comment, c'est tout de bon?

POLISTENE.

Il la faut laisser faire;
Vn mal si violent est sourd à la raison,
Son secours à present seroit hors de saison,
Le temps seul peut guérir vne si grande playe.

LVCIDAS.

Pere vous dites vray, c'est en vain qu'on essaye

A con-

A consoler vne ame au fort de son malheur,
Les remedes trop prompts irritent la douleur:
C'est pourquoy le meilleur est d'aller a cette heure
Passer dans le village où son pere demeure,
A fin de l'aduertir qu'il la suiue de prés
Cependant que le mal est encore tout frais.

ACTE SECOND.

SCENE CINQVIESME.

ALCIDOR. YDALIE.
ARTENICE.

ALCIDOR.

QVE le Soleil est haut! désja de ces colines,
L'ombre ne s'étend plus dans les plaines voisines:
Désja les Laboureurs lassez de leurs trauaux,
Tous suans & poudreux emmeinent leurs cheuaux:
Désja tous les Bergers se reposent à l'ombre,
Et pour se festoyer des mets en petit nombre,
(Que la peine & la faim leur font treuuer si doux)
Font seruir au besoin de table à leurs genoux:
Les oyseaux assoupis, la teste dans la plume,
Cessent de nous conter l'amour qui les consume:
L'air est partout si clair, qu'il deffend à nos yeux

D'amirer les Saphirs, dont il pare les Cieux:
Le Soleil trop à plomb nous void sur ce riuage,
Il nous faut retirer & nous mettre à l'ombrage
De ce boccage épais, où l'on diroit qu'Amour
A voulu marier la nuict auec le iour.

YDALIE.

Helas! mon frere helas! en quelque part que i'aille
Ie ne puis moderer le feu qui me trauaille:
I'ay par tout le Soleil, auteur de mon ennuy,
Les antres, ny les bois n'ont point d'ombres pour luy.

ALCIDOR.

Quelle secrette ardeur vous ronge le courage?

YDALIE.

Ce que i'ay dans le cœur se lit dans mon visage,
Ie voudrois bien le dire, & ne le dire point;
Ie sçay bien en cela ce que l'honneur m'enjoint,
Et ne puis sans rougir, quoy que ie me propose
En vous le découurant, en découurir la cause.

ALCIDOR.

Pourquoy ma chere soeur? quelle timidité
Retient vostre discours en cette obscurité?

YDALIE.

Pleût à ce petit Dieu qui me reduit en cendre,

Que sans vous en parler vous le peussiez entendre.

ALCIDOR.

Auez-vous des secrets, dont vous n'osiez parler
A celuy dont le coeur ne vous peut rien celer?

YDALIE.

Las! c'est aussi le seul que ie ne vous puis dire.

ALCIDOR.

Quand vous me le diriez en deuiendroit-il pire?
Ay-ie quelque interest en vostre passion,
Qui vous fasse douter de ma discretion?

YDALIE.

Au trouble où ie me voy, ie ne sçay comment faire,
Ie ne vous l'oze dire, & ne vous le puis taire.

ALCIDOR.

Ma soeur, ne craignez point, dites-le librement,
Il ne faut point rougir pour auoir vn Amant:
La seule opinion rend ce plaisir blâmable,
Et si c'est vn peché le Ciel mesme est coupable,
Combien qu'il le deffende il en est desireux,
Il est au renouueau de la terre amoureux,
Il void de tous ses yeux ses beautez rajeunies,
Elle sent dans son coeur leurs flâmes infinies:

Et s'estoilant de fleurs tâche à se conformer
Auec celuy qui l'aime, & qu'elle veut aimer.
Leur mutuelle ardeur rend la terre feconde,
Et le feu s'en répend dans tous les coeurs du monde:
Ces rochers & ces bois n'entendent nuict & iour
Que de pauures Bergers qui se pleignent d'Amour:
S'ils ne sont point suspects aux secrets de tant d'autres,
Quelle crainte auez-vous d'y declarer les vostres?

YDALIE.

Que seruira cela?

ALCIDOR.

C'est vn soulagement
D'ozer en liberté declarer son tourment:
Il n'est rien de si doux aux ames bien atteintes,
Que de pouuoir treuuer à qui faire leurs plaintes:
Vn mal se diminuë & n'est plus que demy,
Quand nous le partageons auecques nostre amy.

YDALIE.

Mais c'est à ces amis compagnons de fortune,
Qu'on aime seulement d'vne amitié commune.

ALCIDOR.

Ma sœur c'est au contraire à ceux qu'on ayme bien
Il faut ouurir son cœur & ne leur celer rien.

YDALIE.

Le mien vous est ouuert, ces soûpirs tous de flâme

Vous découurent assez ce que ie sens dans l'ame.

ALCIDOR.

Ces soûpirs enflâmez, dont ie suis spectateur,
En disant vostre mal n'en disent point l'auteur.

YDALIE.

Las! il ne m'entend point ie me rends trop obscure,
Il a comme le coeur l'intelligence dure.

ALCIDOR.

Ie ne sçay pas de vray pourquoy vous differez
A me nommer celuy, pour qui vous soûpirez?

YDALIE.

Vous le verrez bien tost, & sans beaucoup de peine,
Si vous baissez les yeux dans les flots de la Seine.

ALCIDOR.

Helas! ie vous entens, & tiendrois à bon-heur
D'auoir en moy dequoy meriter cêt honneur.
I'ay pitié de vous voir le visage si blesme:
Assez depuis trois ans i'ay cogneu par moy mesme,
Quel tourment c'est d'aimer, & de n'esperer rien:
Ie déplore en cela vostre sort & le mien.

YDALIE.

Vous seul à tous les deux pouuez donner remede.

ALCIDOR.

Ouy, si i'estois guery du mal qui me possede.

YDALIE.

Las! guérissez-vous donc à fin de me guérir.

YDALIE.

De manquer à ma foy, i'aymerois mieux mourir.

YDALIE.

Vostre mort en cela seroit mal employée

ALCIDOR.

Heureux, si le destin me l'auoit enuoyée,
Ie ne sçaurois mourir pour vn plus beau sujet.

YDALIE.

Vos desirs feront mieux d'auoir vn autre objet.

ALCIDOR

La Seine dans son lict verra plûtost son onde
Rebrousser contre-mont sa source vagabonde:
Et plûtost nos Brebis paîtront dessus les flots,
Que ie brize les fers, qui me tiennent enclos,

Et qu'on voye Alcidor engager son seruice
Sous vn autre pouuoir que celuy d'Artenice

YDALIE.

Puis qu'elle n'est pas libre en son affection,
Vous n'en aurez iamais que de l'affliction,
Et vieillirez tous deux en ces poursuittes vaines
Auant que de cueillir le loyer de vos peines:
Son pere & ses parens ne le desirent pas.

ALCIDOR

Ie suis assez content d'adorer ses appas:
Combien que son destin soit à mes voeux contraire,
L'honneur que i'en reçoy me tient lieu de salaire.

YDALIE

Languirez-vous tousiours en si dure prison?

ALCIDOR.

Ouy, si ie ne perdois le sens & la raison.

YDALIE

Appellez-vous raison d'aymer sans esperance?

ALCIDOR

La raison nous oblige à la perseuerance,

Aprés que nous auons engagé nostre foy.

YDALIE.

Vous ne voulez donc point auoir pitié de moy?

ALCIDOR.

Que peut vn affligé, dont le mal incurable
A luy-mesme le rend luy-mesme inexorable?
Mais si vous receuez quelque contentement
De me voir comme frere & non pas comme Amant,
Nous nous verrons tousiours sans contrainte & sans peine
En gardant nos troupeaux sur le bord de la Seine.

YDALIE.

Puis que pour posseder le bon-heur de vous voir,
Il faut reigler mes voeux au loix de mon deuoir:
Bien qu'il soit mal-aizé belle ame de mon ame
De parestre de glace estant toute de flâme:
Toutesfois pour iouïr d'vn bien qui m'est si doux,
Ie tairay pour vn temps l'amour que i'ay pour vous.

ALCIDOR.

Vous me permettrez donc d'aller voir cette Belle,
Qui seule & sans troupeau dans ce bois se recele:
Beauté le cher soucy de tant de beaux esprits;
Qui d'vne belle flâme auez mon coeur épris,
Merueille d'icy bas, chef-d'oeuure de nostre âge,
Où la nature mesme admire son ouurage.

Quel soin guide vos pas en ces lieux écartez.

ARTENICE.

Quoy tu ne rougis point de tes déloyautez?
Tu me parles encor' meschant, ingrat, parjure,
Apres que tu m'as fait vne si grande iniure?

ALCIDOR.

Quelle rage vous meut à me traiter ainsi?

ARTENICE.

Ce que tout maintenant tu viens de faire icy?

ALCIDOR.

O quelle calomnie! ô Dieux quelle malice!

ARTENICE.

Voyez qu'il est meschant & remply d'artifice!
Laisse-moy déloyal ne m'importune plus?

ALCIDOR.

Beauté dont mon malheur a son flus & reflus,
S'il vous reste dans l'ame vn rayon de iustice,
Pour le dernier loyer de trois ans de seruice,
Differez d'vn moment l'Arrest de mon trépas,
Auant que de m'oüir ne me condamnez pas?

O Dieux elle s'en va ſans me vouloir entendre!
O deſtins trop cruels que voulez-vous attendre
A couper de mes ans le filet malheureux?
N'eſtes-vous ſans pitié que pour les amoureux?
Et toy pere du iour, dont la flâme feconde
Comble de tant de biens tout ce qui vit au monde;
Seul aſtre ſans pareil, arbitre des ſaiſons,
Qui pares de ſplendeur les Celeſtes Maiſons:
Iadis i'ay comparé des yeux de ma cruelle
La flâme periſſable à ta flâme immortelle:
Pourquoy ne punis-tu pour t'auoir offenſé
D'vne eternelle nuict ce blaſpheme inſenſé?
A quoy me ſert de voir ta lumiere importune?
A quoy me ſert ma vie en butte à la fortune?
Il vaut mieux, il vaut mieux en arreſter le cours
Et mourir vne fois que mourir tous les iours.

CHOEVR DES BERGERS.

IOüets du temps & de l'enuie,
Eſprits dans le monde agitez,
Qui paſſez toute voſtre vie
Beant aprés les vanitez:
Que vos deſirs ſont miſerables,
Que vos grandeurs ſont peu durables,

Et que l'espoir est glorieux
Des ames deuotes & sainctes,
Qui libres de soings & de craintes
Viuent en terre comme aux Cieux!

En vne eternelle bonace,
Tous leurs iours ont vn mesme sort,
Leur vie exempte de menace
Ne voit l'orage que du port:
Au lieu que la nostre est complice
De tant de malheur & de vice,
L'vn de l'autre se nourrissant:
Qu'à bon droit la mieux fortunée
Porte enuie à la destinée
De ceux qui meurent en naissant.

Nos impietez execrables
Ne se peuuent plus endurer.
Les astres les plus fauorables
Ont horreur de les éclairer;
Tant de signes dans les Planettes,
Tant d'eclipses, tant de comettes
Et tant d'effects prodigieux:
Ne sont ce pas des Propheties

Aux ames les plus endurcies
De la iuste fureur des Dieux.

Je sçay bien que l'oûtrecuidance,
Qui nous fait sortir du deuoir,
Nous figure leur prouidence
Sans passion & sans pouuoir:
Mais au premier coup de tonnerre,
Dont le Ciel menace la terre
La frayeur saisit les mortels,
On voit leurs rages assoupies,
Et les ames les plus impies
Embrasser le pied des Autels.

O trois fois heureuse Artenice,
Qui fais par generosité,
Ce que la terreur du supplice
Exige de leur lâcheté,
Et qui sagement retirée
Des plaisirs de peu de durée
Dont nous sommes ambitieux,
En vne paix douce & profonde
T'exempte du trouble du monde,
Et de la colere des Cieux.

ACTE TROISIEME.

SCENE PREMIERE.

ARTENICE. PHILOTEE.

ARTENICE.

VE cette vie est douce, hé! que ie suis contente
D'auoir treuué ce lieu conforme à mon attente,
Que j'y treuue d'apas qui charment ma douleur,
Que le sort m'a rendue heureuse en mon malheur!
Doux poison des esprits, amoureuse pensée,
Qui me ramenteuez ma fortune passée,
Esloignez vous de moy, sortez de ces saincts lieux,
Les cœurs ny sont épris que de l'amour des Cieux!
La gloire des mortels n'est qu'ombre & que fumée,
C'est vne flâme éteinte aussi tost qu'allumée:
Desillez vous les yeux, vous dont la vanité
Prefere cette vie à l'immortalité.
Maintenant que ie goûte vne paix si profonde,
Que i'ay pitié ma sœur de ceux qui sont au monde,
Et qui sur cette arene émeuë à tous propos
Fondent sans iugement l'espoir de leur repos,

PHILOTEE.

Ma sœur ne plaignez point ceux que le sort conuie
A passer loing de nous la course de leur vie,
Parmy les vanitez qui ne sont point icy
Où le combat est grand la gloire l'est aussi,
Nous viuons sur la terre en eternelle peine,
Et de plusieurs chemins par où le Ciel nous meine
Au repos glorieux qui nous est preparé,
Celuy que nous tenons est le plus asseuré ;
Benissez-donc, ma sœur, sa bonté paternelle,
Qui nous met au chemin de la vie eternelle:
Et benissez aussi la tempeste du sort
Qui du milieu des flots vous a iettée au port.
Les Dieux diuersement nous retirent du monde!
L'esprit ne peut sonder leur prudence profonde;
C'est d'eux d'où le Soleil emprunte sa splendeur;
Il faut en se taisant admirer leur grandeur.
Alors que vous perdiez au milieu des delices,
Qui cachent comme fleurs les abysmes des vices,
Ces esprits tousjours prests au secours des humains
Vous sauuent du naufrage & vous tendent les mains;
Oubliez donc le feu de ce Berger parjure,
Qui fait à vostre amour une si grande iniure,
Donnez-leurs vos pensers, vostre ame & vos appas,
Ces amans tous parfaits ne vous tromperont pas.

ARTENICE.

Ie vous croiray ma sœur, leur bonté m'y conuie;
Et tant que le destin me laissera la vie,

Iamais autre desir n'entrera dedans moy,
Que de leur conseruer mon amour & ma foy:
C'est en cette asseurance aussi douce que saincte,
Que ie veux terminer mon espoir & ma crainte.

PHILOTEE.

Quand on vient en ce lieu deuant que s'engager
Au voeu que nous faisons il faut bien y songer:
Nostre regle est étroite, & mal-aisée à suiure:
Dans un dezert austere il faut mourir & viure,
Prendre congé du monde & de tous ses plaisirs,
N'auoir plus rien à soy, pas mesme ses desirs,
Mediter & iusner auecques patience,
Et souffrir doucement la loy d'obediance:
Nous en voyons assez de pareilles à vous,
Pour un prompt desespoir se retirer chez nous:
Mais quand il faut iusner, & faire penitence,
Souuent leur desespoir se tourne en repentance:
Conseillez-vous aux Dieux, pensez-y meurement,
Ne vous engagez point inconsiderément

ARTENICE.

Ma soeur cette harangue est pour moy superfluë,
Auant que d'y venir ie m'y suis resoluë,
Et croy qu'auec le temps i'eusse faict par raison,
Ce que par desespoir i'ay faict hors de saison.

PHILOTEE.

Qui sont ces deux Vieillards que ie voy dans la plaine?

ARTENICE.

C'est mon pere & mon oncle, ô Dieux! qu'ils ont de peine!
Que ie crains leur abord! que ie plains leur soucy!
Dieux qu'ils sont importuns! qui les ameine icy
Tourmenter mon esprit de leurs raisons friuoles,
Et perdre sans effect leurs pas & leurs paroles?

PHILOTEE.

Ie vous laisseray seule, à fin que librement
Ils vous puissent tous deux dire leur sentiment.

ACTE TROISIEME.

SCENE SECONDE.

SILENE. DAMOCLEE. ARTENICE.

SILENE.

DANS ce boccage épais, loin du peuple profane,
C'est où ma fille sert les Autels de Diane,
Le bon-heur nous conduit, nous ne pouuions choisir
Vn temps plus à propos selon nostre desir.
La voila toute seule au frais de ce boccage:

Ma

Ma fille, hé! qui vous meût à quitter le village
Pour venir demeurer en de si tristes lieux?

ARTENICE.

Pour la haine du monde, & pour l'amour des Cieux.

SILENE.

D'où vous vient cette humeur en l'auril de vostre âge?
Si ce sont les éfets d'vne amoureuse rage,
Nommez-nous en l'auteur?

ARTENICE.

C'est tout ce que ie crains
Que de vous declarer celuy dont ie me plains,
Parce qu'en l'accusant, moy-mesme ie m'accuse.

SILENE.

Cét extréme remords dont vostre ame est confuse,
Repare assez le mal que vous tenez caché.

ARTENICE.

Vostre seule defense en a fait vn peché:
Si vos iustes rigueurs, dont ie fus menassée,
Eussent peu treuuer place en ma raison blessée;
Mon cœur ne plaindroit pas l'ennuy que ie reçoy
De voir vn étranger m'auoir manqué de foy?

SILENE.

Elle en a dit assez, nous le pouuons cognêtre,
L'excuse qu'elle faict nous faict assez parêtre
Que c'est ce beau garçon qui s'éleua chez vous,
Lors que son bon destin l'arresta parmy nous.

ARTENICE.

Mon pere, c'est luy-mesme, excusez mon enfance:
Il est vray, ie l'aimois contre vostre defence,
Ce meschant, cêt ingrat, cét esprit inconstant.

DAMOCLEE.

Quel sujet auez-vous de vous en plaindre tant?

ARTENICE.

Ne vous enquerez point de cette perfidie,
Vous la sçaurez trop tost sans que ie vous la die?

DAMOCLEE.

Quel timide respect vous defend d'en parler,
Est-ce quelque secret, qu'on me doiue celer?

SILENE.

Ma fille, dites-luy, puis qu'il vous le commande.

ARTENICE.

Par ou commenceray-je ? ô Dieux ! que i'apprehende
De vous entretenir de ce triste discours,
Qui comblera d'ennuy le reste de vos iours.

DAMOCLEE.

Depeschez-vous, ma niepce, en vain on me le cache,
Quand ce seroit ma mort il faut que ie le sçache

ARTENICE.

D'vn autre que de moy le puissiez-vous sçauoir.

DAMOCLEE.

Que de peurs à la fois vous me faites auoir,
Que vous m'apprenez bien qu'en vn sujet de plainte
Le plus souuent le mal est moindre que la crainte !

ARTENICE.

Le crime qu'Alcidor a faict contre sa foy
Vous offense, mon oncle, aussi bien comme moy.

DAMOCLEE.

Est-ce point que ce traître abusant de ma fille
Auec elle eût taché l'honneur de ma famille?

ARTENICE.

Helas! i'en ay trop dit.

DAMOCLEE.

Acheuez promptement,
Dites-nous en quel lieu, quand ce fut, & comment.

ARTENICE.

Que ie sens de regrets & de douleurs mortelles
En faisant le recit de ces tristes nouuelles:
Sur la riue de Seine en ces lieux écartez,
Que son cours sinueux, borné de trois côtez,
Est dans vn petit bois vn cabinet champêtre,
D'où sans se faire voir l'on void ses Brebis paître:
Là ces ieunes Amans vont presques tous les iours
Eteindre en liberté le feu de leurs amours,
Et désja leurs plaisirs pensent couurir leur crime
Sous vn vœu fait entre eux d'vn Hymen legitime,
Et pensent que des maux, dont ils sont entachez,
Ils sont assez absous en les tenant cachez:
Mais Lucidas & moy, consultant les mysteres
Que Polistene obserue en ses grottes austeres,
Recognusmes au iour d'vn cristal enchanté,
Ce que le bois cachoit dans son obscurité.

DAMOCLEE.

O Dieux que vistes-vous!

ARTENICE.

Ie rougis quand i'y pense,
Et ma condition ne peut auoir dispense
De conter deuant vous les profanes plaisirs,
Dont ils assouuissoient leurs amoureux desirs:
Si tost que le Deuin imprimant sur l'argile,
Nous eut prescrit vn cerne, où plûtost vn azile,
Et qu'il eût par trois fois inuoqué les demons
D'vne voix etouffée en ses foibles poulmons.
Dans l'air clair & serain, meints nuages s'étendent,
De meints étranges voix les murmures s'entendent,
Des morts, pâles & froids sortent du monument,
Il semble que l'enfer s'assemblent au firmament,
L'air éclatte frappé de meint coup de tonnerre,
Et l'ombre de la nuict enuironne la terre:
A l'heure la frayeur commence à me saisir,
Tous mes sens étonnez ne sçauent que choisir,
Mes vœux sont sans éfect, aussi bien que mes larmes:
Le Vieillard cependant continuoit ses charmes:
Vn orage bouffy, qui se fendit en deux
Peupla l'obscurité de fantômes hideux,
D'où des lances de feu, de respect retenuës,
Décendent sur ma teste, & remontent aux nuës:
Et lors pour témoigner son pouuoir souuerain,
Ses seuls commandemens rendirent l'air serain:
Des tourbillons émeuz calmerent l'insolence,
Et mesmes aux Zephirs imposerent silence;
Il presente à mes yeux le cristal enchanté,
Dont l'oracle muet m'apprit la verité,
Qui trop long-temps cachée, & trop tost découuerte,

A produit mon ſalut en produiſant ma perte:
Ie me ſens toute emeuë en regardant les lieux
Que cette glace offroit à mes timides yeux,
Qui parmy les troupeaux, dont la plaine eſt remplie,
Cognoiſſent auſſi-toſt les brebis d'Ydalie:
Ie contemple ce bois ſi plaiſant & ſi beau,
Qui fut de ſon honneur l'agreable tombeau:
I'entre-voy ſon Amant au pied d'vne coline,
Qui gardoit ſon troupeau dans la plaine voiſine,
Son regard à la fois, en tous lieux attaché
Montroit aſſez le ſoin, dont il eſtoit touché:
Là ſes moutons épars paiſſoient dans les campagnes,
Là ſes chéures pendoient au ſommet des montagnes,
Là ſon mâtin veillant pour le ſalut de tous,
Aſſeuroit leur repos des embûches des loups:
Il auiſe Ydalie au milieu de la pleine,
Il luy veut abreger la moitié de la peine,
Tous deux d'vn pas égal s'auancent à la fois,
Ils trauerſent les prez, ils entrent dans les bois,
Sans auoir que l'Amour pour complice & pour guide;
Il ſemble qu'à regret elle ſuit ce perfide:
La crainte & le deſir la troublent en tous lieux,
La honte eſt dans ſon teint, & l'Amour dans ſes yeux,
Elle reſiſte vn peu: mais c'eſt de telle ſorte
Qu'on void bien qu'elle veut n'eſtre pas la plus forte:
Le cœur tout haletant en vain elle tâchoit
A moderer l'ardeur du feu qu'elle cachoit:
Mais en fin ſon amour triompha de ſa honte;
En fin de ſon honneur elle ne tint plus conte,
Elle ſe laiſſe en proye au deſir du Berger.

DAMOCLEE.

O déloyal! ô traître! ô perfide étranger!

De qui l'ingratitude & l'amour impudique
Fond d'vn mal domestique vne honte publique,
Est-ce là le loyer du soin que i'eus de toy,
Lors que tu vins enfant te retirer chez moy?

ARTENICE.

Il montre bien qu'il est d'vne ingrate nature,
De s'attaquer à vous, dont il est creature,
D'ou peut-il desormais esperer de l'appuy?

SILENE.

Vous auez en sa faute autant de tort que luy:
Tous les ieunes Bergers viuent sur la commune,
Sans respect & sans crainte ils cherchent leur fortune:
Laisser sa fille seule auec ces ieunes fous,
C'est mettre vne brebis en la garde des loups.
Si vous eussiez eû soin de la tenir sujete,
Elle n'eût iamais faict la faute qu'elle a faite.

DAMOCLEE.

Vous dites vray mon frere.

SILENE.

Il n'en faut plus parler,

DAMOCLEE.

Que ie suis miserable.

SILENE.

Il se faut consoler.

DAMOCLEE.

La mort seule a pouuoir de consoler mon ame:
Mais il faut que deuant ie me laue du blâme
Dont cette fille infame a mon honneur tâché,
Et que dessus l'Autel expiant son peché,
Son iuste châtiment à sa faute réponde
Pour la gloire du Ciel, & l'exemple du monde.

ARTENICE.

O Dieux qu'il est cruel!

SILENE.

Ma fille il a raison,
Ce crime tacheroit à iamais sa maison.

ARTENICE.

Aprés tant d'accidens qu'à toute heure on void naître,
C'est n'auoir point de sens que de ne point cognêtre
Que qui vit dans le monde, il vist dans le malheur.

SILENE.

Il fâloit que mon frere eût part à ma douleur,

Il n'auoit comme moy que cette seule fille,
Il perd en la perdant l'espoir de sa famille:
Et moy si ie vous perds, ie perds en mesme temps
Le seul bien qui rendoit tous mes desirs contens:
Vostre bon naturel, maintenant nous conuie
D'auoir pitié de ceux, dont vous tenez la vie.
Ce froid & pâle corps victime du tombeau,
Verra bien tost ses jours éteindre leur flambeau.
Attendez le succez des tristes destinées,
Qui détordent désja le fil de mes années:
Helas! ma fille helas! qui me clorra les yeux,
Mais que mon pâle esprit soit monté dans les Cieux?

ARTENICE.

Ie sçay ce que ie dois à l'amour paternelle;
Mais il faut obeïr à celuy qui m'appelle,
Et qui mon premier pere a voulu prendre soin
De me tendre les bras, & m'aider au besoin.

SILENE.

Les Dieux, que vous seruez en ce dezert austere,
N'ostent point les enfans d'entre les bras du pere:
Ce n'est point leur conseil, qui vous meut à cecy,
Rien que le desespoir ne vous ameine icy?

ARTENICE.

Le soin continuel de nostre bon Genie,
Par des moyens diuers nos volontez manie;
Et de quelque façon qu'il nous vienne inspirer,

Il luy faut obeïr & ne point murmurer:
Bien que le desespoir d'une flâme amoureuse
Ait conduit ma fortune en cette vie heureuse,
Puis qu'ainsi l'eternel pour mon bien le voulut
D'vn desespoir naîtra l'espoir de mon salut.

SILENE.

Pensez vous le treuuer en cette triste vie,
Plûtost que dans le monde où l'âge vous conuie?
Estimez-vous que ceux qui n'ont fait que pour nous
Les plaisirs d'icy bas aussi iuste que doux
Vueille pour leur seruice en defendre l'vsage?

ARTENICE.

Croyez-vous que ce lieu solitaire & sauuage,
En éloignant de nous la crainte & le desir,
Eloigne de nos cœurs tout sujet de plaisir.
Voyez ces bois épais, voyez cette verdure,
Ces promenoirs dressez par le soin de nature,
Et ce Temple où les cœurs vray'ment deuotieux
Destinent leur repos à la gloire des Cieux:
Voyez en cét enclos les lieux où Philotée
Fait depuis si long-temps sa demeure arrétée:
Et vous mesme auouërez exempt de passion,
Qu'ils n'ont pas moins d'attraits que de deuotion.

ACTE TROISIEME.

SCENE TROISIEME.

CLEANTE.

HElas! que de l'amour les passions diuerses
Dans l'esprit des mortels apportent de trauerses:
De combien de tourment, de peines, & de desir
Il nous fait acheter vn moment de plaisir;
Ce miserable Amant plus fidelle que sage
Aux dépens de sa vie en fait l'apprentissage:
Il s'est precipité pour finir son ennuy
Dans les flots plus humains à luy-mesme que luy:
La vague courroucée, & d'écume couuerte,
Mesme au fort de son ire eut pitié de sa perte;
Par trois ou quatre fois elle l'a sousleué,
Pour le rendre à la terre où ie me suis treuué:
Mais sa vie & sa mort sont encore incertaines,
Vne tiede chaleur est restée en ses veines;
Et semble que son cœur fait ses derniers efforts,
Pour retenir son ame aux prisons de son corps:
Je voudrois bien me rendre à son mal secourable;
Mais en le secourant ie me rendrois coupable:
Ceux qui de ce malheur ne s'informeroient pas,
Me iugeroient moy-mesme auteur de son trépas.
Vn Temple de Diane est au bord de cette onde,

Où les cœurs nettoyez des soüilleures du monde
Sçauent des faits douteux choisir la verité
Auec moins d'artifice & plus d'integrité:
Ie m'en vas en ces lieux amis de l'innocence
Implorer de quelqu'vn la fidelle assistance.

ACTE TROISIEME.

SCENE QVATRIEME.

ALCIDOR, CLEANTE, ARTENICE, SILENE.

ALCIDOR.

EN quel lieu m'a conduit la cruauté du sort,
Suis-ie en terre, ou dans l'eau, suis-ie viuant, où mort?
Qu'est-ce qui tient encor' mon ame prisonniere?
D'où prouient à mes yeux cette triste lumiere?
Quoy? le Ciel, ou l'enfer ont ils quelque flambeau,
Qui trouble le repos en la nuict du tombeau?
Que ne suis-ie en ces lieux eternellement sombres?
Me refuse-t'on place en la trouppe des ombres?
Veut-on qu'errant tousiours sous la voûte des Cieux
I'épreuue en tous endroits la iustice des Dieux?
Où que mon pâle esprit, vaine terreur du monde,
Se pleignent incessamment aux riues de cette onde;

Où mon cœur au mépris de la diuinité
N'a guére idolâtroit vne ingrate beauté?
N'est-ce pas là le bois, n'est-ce pas là la plaine,
Où viuant j'auois soin de mes bestes à laine?
Ces valons reculez de la flâme du iour,
N'est ce pas où j'allois soûpirer mon amour
A ces vieux bâtimens, de qui l'on void à peine
Les ornemens du faiste étendus sur l'arene:
A ces murs éboulez par la suitte des ans
Ie recognois ces lieux autrefois si plaisans,
Quand la belle Artenice, honneur de son village,
Amenoit son troupeau dans nostre pâturage.
Ces aliziers témoins de nos plaisirs passez,
Ont encore en leur tronc nos chiffres enlassez;
Cette vieille forest, d'eternelle durée,
L'accusera sans fin de sa foy parjurée:
Ces vieux chesnes ridez, sçauent combien de fois
Ses plaintes ont troublé le silence des bois,
Lors qu'en la liberté de leur ombre immortelle
Elle osoit prendre part au mal que i'ay pour elle:
Viuez doncques forests, viuez doncques tousjours,
Pour estre les témoins de nos chastes amours.
Mais que de visions, qui passent & repassent,
Que de fantômes vains en ces riues s'amassent,
Sont-ce morts ou Demons, qui s'approchent de moy?
Tout fait peur à mes yeux! Dieux qu'est-ce que ie voy?
Belle ame le miroir des ames les plus belles,
Auez vous donc quitté vos dépoüilles mortelles?
Quels tourmens douleureux! quels funestes remords
Vous ont fait ennuyer dedans vn si beau corps?
Quoy? voulez-vous encor! ô ma chere infidelle
Trauerser mon repos en la nuict eternelle?

Quel destin malheureux vous a conduite icy.

CLEANTE.

Ne vous étonnez point de ce qu'il parle ainsi,
La fureur le domine auec tant de puissance,
Que sa raison malade en perd la cognoissance.

ARTENICE.

Quelque mal que ie vueille à sa déloyauté,
I'ay pitié de le voir en cette extremité:
Le tort qu'il m'auoit fait n'estoit pas vne offence
Qui le deût obliger à tant de penitence:
Il le faut auouër ie plains bien son malheur,
Mon pere pardonnez à ma iuste douleur!
Ie ne la puis celer tant elle est vehemente.
O Dieux! ie n'en puis plus, le mal qui le tourmente
M'a troublé tous les sens aussi bien comme à luy.

SILENE.

Ma fille appaisez-vous, moderez vostre ennuy!
Domptez vostre douleur auant qu'elle s'augmente.
O Dieux elle se meurt! secourez-moy Cleante!

CLEANTE.

Helas! auquel iray-ie, ils se meurent tous trois?
Tous trois sont étendus sans parole & sans voix.
Qu'heureux estoit le siecle, où parmy l'innocence
L'Amour sans tyrannie exerçoit sa puissance,

Quand le Ciel liberal versoit à pleine mains
Tout ce dont l'abondance assouuit les humains,
Et que le monde enfant n'auoit pour nourriture
Que les mets aprétez par le soin de nature:
L'égalité des loix chassoit l'ambition,
Pas vn ne se plaignoit de sa condition,
Le sanglant desespoir, ny l'enuie au teint blesme
N'auoient point rendu l'homme ennemy de soy-mesme.
La vieillesse caduque, ignorant leur effort,
A pas lents & certains nous menoit à la mort:
Les yeux n'estoient point faits à l'vsage des larmes,
L'Amour n'estoit point Dieu de malheurs & d'alarmes,
La honte ny l'honneur qui regnent auiourd'huy
Ne s'estoient point encor reuoltez contre luy;
Il estoit absolu dessus les belles choses,
Son arc au lieu de traicts ne tiroit que des roses,
Et nos desirs vaincus par nos contentemens
Ne seruoient aux plaisirs que d'assaisonnemens.

ALCIDOR.

D'où vien-ie? qu'ay-ie fait? quelle rage aueuglée
A depuis si long-temps ma raison desreglée?
Qui m'a mis en ce lieu? qui sont ceux que ie voy
Au long de ce riuage étendus comme moy?
D'où vient que ce Vieillard sans voix & sans halaine
Soûtient ainsi la teste à ma belle inhumaine?
O Dieux! elle se meurt: tout le monde est en pleurs:
Helas! pourquoy destin pour voir tant de malheurs
Rendez-vous à mes sens l'vsage de la vie?

CLEANTE.

Berger consolez-vous, l'Amour vous y conuie,

A fin de consoler cette ieune Beauté,
Qui prend part à l'ennuy qui vous a tourmenté!

ALCIDOR.

O l'heureux changement! que dites vous Cleante.

CLEANTE.

Vostre mal a causé la douleur violente
Qui la mise en l'estat où vous la pouuez voir.

ALCIDOR.

Qu'Amour & la Fortune ont sur nous de pouuoir!
O coeur de diamant, helas! est-il possible
Qu'à la fin la pitié vous ait rendu sensible?
Inhumaine Beauté, que ie benis vos fers,
Puis que vous prenez part aux maux que i'ay souffers.
Las! si la voix vous manque ainsi que le courage,
D'vn seul clin de vos yeux donnez m'en témoignage;
A fin qu'auant ma mort ie puisse encore voir
Ces Astres dont ma vie adoroit le pouuoir:
Pour la derniere fois soyez-moy fauorable!

ARTENICE.

Est-ce vous mon Berger? est-ce vous miserable?
Quel desespoir vous rend si sourd au reconfort?
Helas! gardez-vous bien d'auancer vostre mort!
Je mourrois auec vous, nos amoureuses flâmes
Font dans vn mesme coeur respirer nos deux ames.

ALCIDOR.

ALCIDOR.

N'ayez point cette peur, beaux astres inhumains,
Vous tenez pour iamais mon destin en vos mains?
Quand mesme la douleur m'auroit l'ame rauie,
Vous auriez le pouuoir de me rendre la vie.

ARTENICE.

Ne parlons plus de mort, mettons fin à nos pleurs:
Quelque iour le destin finira nos malheurs.

ALCIDOR.

Tout ce que i'en veux dire, est que mon innocence
Vienne auant mon trépas à vostre cognoissance.

ARTENICE.

Quand d'infidelité vous seriez entaché,
Vostre extrême remords absout vostre peché.

ALCIDOR.

Si ie m'estois distrait de vostre obeyssance,
La mort seule pourroit expier mon offence.

CLEANTE.

Guérissez-vous tous deux, pour ioüir des plaisirs
Qu'vn heureux Hymené apprête à vos desirs.

ALCIDOR.

Si iamais le bon-heur accorde à mon enuie
De voir d'vn si beau nœud ma franchise asseruie,
Ie veux quand ie perdray la lumiere du iour,
Que mon dernier soûpir soit vn soûpir d'Amour:
Et que l'effort du temps, à qui tout est possible,
Perde contre ma foy le tiltre d'inuisible.

SILENE.

Ie ne me vis iamais si touché de pitié,
Il me faut malgré moy souffrir leur amitié:
Sus donc mes chers enfans qu'aux nopces l'on s'appreste,
Ie veux dés à ce soir en commencer la feste:
Pardonnez-moy tous deux, si trop iniustement
I'ay tousiours trauersé vostre contentement.
Alons donc au logis; venez aussi Cleante
Voir accomplir l'Hymen d'vne amour violente:
Venez disner chez moy (vous ne treuuerez pas
Ces mets seruis par ordre aux superbes repas,
Qui de tant d'artifices ont leurs graces pourueuë,
Qu'il semble n'estre faicts que pour paître la veuë)
Mais ce qui se pourra selon ma pauureté,
D'vn cœur libre & sans fard vous sera presenté.

CHOEVR DES BERGERS.

Tousjours la colere des Cieux
Ne tonne pas dessus nos testes;
Tousjours les vents seditieux
N'enflent pas la mer de tempestes;
Tousjours Mars ne met pas au iour
Des objets de sang & de larmes:
Mais tousjours l'Empire d'Amour
Est plein de troubles & d'alarmes.

Que le ciecle d'or fut heureux,
Où l'innocence toute pure
Ne prescriuoit aux Amoureux
Que les seules loix de nature:
Combien depuis ce premier temps,
La honte, l'honneur & l'enuie
Ont aux esprits les plus contens
Aigry les douceurs de la vie.

Dès l'heure l'on vit en tous lieux
S'éleuer la puissance feinte,
D'vn nombre infiny de faux Dieux
Incogneus enfans de la crainte:
L'Ambition fille d'Enfer,
Mist le Sceptre en la main des Princes,
Et Bellonne auecques le fer
Partagea la terre en Prouince.

Ses champs n'estoient point diuisez,
Les richesses estoient égales,
Les antres qu'elle auoit creusez
Seruoient de chambres & de sales:
Mais le monde hors de propos,
Y fist murailles sur murailles,
Et pour luy deschirer le dos
Tira l'acier de ses entrailles.

Parmy les ieux & les festins,
Nos iours comblez d'heur & de ioye
Par les mains de mesmes destins
Estoient faicts d'vne mesme soye:

La faueur ne faisoit point voir
L'vn au Ciel, l'autre dans la bouë;
Et la Fortune sans pouuoir
N'auoit point encore de rouë.

Mais de tous ces soins rigoureux,
Qui regnant dans l'esprit des hommes,
Font croire ceux-là malheureux
Qui naissent au siecle où nous sommes:
Ce qui nous doit le plus fâcher,
Est cét honneur qui nous ordonne
D'acheter & vendre si cher
Les plaisirs que l'Amour nous donne.

ACT. QVATRIEME.

SCENE PREMIERE.

ARTENICE. CLORISE.

ARTENICE.

Tu ne peux ignorer, ô ma chere Clorise,
De quelle affection ie cheris ta franchise?
Tu lis dãs mes pẽsers, qui ne s'ouurẽt qu'à toy:
Combien ton iugement a de pouuoir sur moy.
C'est la raison, mon cœur, pourquoy ie t'importune,
De prendre maintenant le soin de ma fortune:
Tu sçais comme Alcidor aprés ses longs trauaux
A selon ses desirs surmonté ses riuaux:
Et comme son amour, qui tousiours perseuere,
A touché de pitié la rigueur de mon pere:
Je pense qu'à ce soir nous nous donnons la foy,
Ie ne te puis celer l'aise que i'en reçoy.
Mais comme à tous les biens que le Ciel nous enuoye,
Tousiours quelque douleur se mesle à nostre ioye:
Vn doubte assez fâcheux qui n'est point éclaircy
Tenant mon cœur glacé d'vn timide soucy
Me fait apprehender si ie te l'oze dire
Le succez de l'accord que mon amour desire.

CLORISE.

Vous me le deuez dire, & ne me rien celer,
Ie souffrirois la mort plûtost que d'en parler:
Il ne faut rien cacher aux personnes qu'on ayme,
Ie suis auprés de vous comme vne autre vous mesme;
Ce seroit faire tort à mon affection,
Que de vous defier de ma discretion.

ARTENICE.

Il faut donc t'auoüer le regret qui me presse
D'aller contre l'aduis de la bonne Deesse,
Qui s'apparoit la nuict aux yeux de mon penser,
Et d'vn front courroucé me semble menacer
De rendre en mes amours ma vie infortunée,
Si ie ne me marie au sang d'où ie suis née:
Ie l'ay tousiours seruie auec deuotion,
Depuis que l'on me mist en sa protection:
Aussi ie recognois ses graces tousiours prestes
A me fauoriser en toutes mes requestes.
Quand mon pere voulut inconsiderément,
Preferant la richesse à mon contentement,
Auecques Lucidas me rendre miserable,
Ce qu'elle m'ordonnoit m'estoit fort agreable;
Parce que ie sçauois que ce riche Berger
Estoit comme Alcidor du sang d'vn étranger:
Mais ma mere Crisante à qui ie dy mon songe,
Non sans quelque raison le print pour vn mensonge;
Estimant qu'à deçein ie l'auois inuenté
Pour empescher l'accord qu'elle auoit projetté.

Et moy qui ne voyois que le seul Tisimandre,
Où selon cét aduis mes vœux puissent pretendre,
Mon cœur n'estant pas libre en cette élection,
Ce Berger fut l'objet de mon affection
Ie fais ce que ie puis, pour diuertir la flâme
Que l'ingrate Ydalie a fait naître en son ame:
Mais ie trauaille en vain, son tourment & le mien
Font que depuis cinq ans ie n'y profite rien:
C'est pourquoy mon amour aprés tant de martyre,
Ie ne puis deuiner ce que cela veut dire,
Et voguant en ces flots sans espoir d'aucun port,
I'abandonne ma barque à la mercy du sort;
Si ton bon iugement à mon mal salutaire
Ne me donne conseil de ce que ie dois faire.

CLORISE.

Toutes les Deïtez dont l'on sert les Autels,
Et de qui la bonté veille pour les mortels,
Aux Belles comme vous se montrent fauorables,
Et d'elles prennent soin comme de leurs semblables.
Vous y deuez penser auecques iugement,
Et ne point rejetter cét aduertissement.

ARTENICE.

Ce Berger me possede auec vn tel empire,
Qu'il sera mal-aisé de m'en pouuoir dédire,
Et puis si ie ne l'ay que sçaurois-ie esperer.

CLORISE.

Les Dieux y pouruoiront, il s'en faut asseurer.

Vous en verrez l'effect & dedans peu d'espace.

ARTENICE.

Cependant ie vieillis l'occasion se passe.

CLORISE.

Si la bonne Déesse a pour vous tant de soin,
Croyez qu'elle viendra vous ayder au besoin:
„ Aux choses d'importance il faut estre timide:
Comme ell'est vostre espoir, qu'elle soit vostre guide:
Ell'est aussi presente en la terre qu'aux Cieux.

ARTENICE.

Mais, dy-mooy donc mon coeur, que puis-ie faire mieux
Que de prendre vn mary, braue, ieune & sage,
Et qui de son amour m'a rendu tesmoignage.

CLORISE.

Craindre les immortels, suiure leur volonté.

ARTENICE.

Il n'en faut plus parler, le sort en est ietté,
Vos raisons desormais sont pour moy superfluës,
En vain l'on prend conseil des choses resoluës:
Quand les Dieux me deuroient enuoyer le trépas,
Ie ne puis auoir pis que de ne l'auoir pas.

ACT. QVATRIEME.

SCENE SECONDE.

TISIMANDRE.

VErray-ie donc tousiours mon esperance vaine,
Perdray ie sans loyer ma ieunesse & ma peine,
Aimeray-ie tousiours sans iamais estre aimé,
Brûleray-ie tousiours sans estre consumé:
En vain ie pousse aux Cieux mes plaintes éfroyables,
Les Dieux sont impuissans, où sont impitoyables,
Ie cherche le remede, & ne veux pas guérir,
Ie me déplais de viure, & ne sçaurois mourir:
Malheureux que ie suis, quelle chaude furie
Me fait passer les iours en cette réuerie?
Que me sert de chercher les bois les plus secrets,
Pour les entretenir de mes iustes regrets:
Imprimer sur leur tronc les chifres d'Ydalie,
Ne nourrir mon esprit que de melancolie,
Mediter tous les iours des suplices nouueaux;
Nous n'en sommes pas mieux, ny moy, ny mes troupeaux,
Mes Brebis ont en nombre égalé les étoiles,
Dont les plus claires nuicts enrichissent leurs voiles;
Et mes jerbes lassant le soigneux Moissonneur,
Rendoient les plus contens ialoux de mon bon-heur;

Mais à present tout ſuit mes triſtes deſtinées,
Mes champs n'ont que du chaume aux meilleures années;
Et mes pauures Brebis ſe mourans tous les iours,
Seruent dans ſes rochers de pâture aux Vautours:
Ie ſuis en me perdant l'auteur de tant de pertes;
Ie n'ay plus ſoin de rien mes terres ſont deſertes,
Tandis qu'en ces foreſts tout ſeul ie m'entretiens,
Ie laiſſe mon troupeau ſur la foy de mes chiens.
Il faut, il faut quitter cette humeur ſolitaire,
Et reprendre le train de ma vie ordinaire:
Chaſſer de mon eſprit ces inutiles ſoins,
Qui ne veulent auoir que les bois pour témoins:
Mépriſer à mon tour celle qui me mépriſe,
Et rompre ſa priſon pour r'auoir ma franchiſe.
Mais, ô Dieux! qu'ay-ie dit, Amour pardonne-moy,
Ie ne puis, ny ne veux iamais viure ſans toy,
Quand ie parle autrement ie ſuis hors de moy-meſme,
Contre vne Deïté ie commets vn blaſpheme:
Ie te voy dans ſes yeux plus puiſſant que iamais,
Fais ce que tu voudras à tout ie me ſoûmets,
Auſſi bien ma raiſon ne m'en ſçauroit defendre:
Le ſalut des vaincus eſt de n'en plus attendre.

ACT. QVATRIEME.

SCENE TROISIEME.

TISIMANDRE. YDALIE.

TISIMANDRE.

BEauté dont la nature admire les apas:
Quelle heureuse fortune a pû guider vos pas
Dans ce valon affreux, où mon inquietude
Ne cherche que l'horreur, l'ombre & la solitude.

YDALIE.

Berger qui de nature estes si mal plaisant,
Quel malheureux destin vous conduit à present
Dedans cette valée éfroyable & profonde,
Où pour fuyr de vous ie fuis de tout le monde.

TISIMANDRE.

Vous fâchez-vous de voir un miserable Amant,
Qui banny de vos yeux ne peut viure un moment.
Eloignez-vous plûtost de cêt esprit barbare,

Qui ne sçay point goûter vn merite si rare:
Tandis que vous suiurez ce Berger qui vous fuit,
Vos plus belles saisons se passeront sans fruit.

YDALIE.

Tandis que vous suiurez vos entreprises vaines,
Vous y perdrez sans fruict vostre temps & vos peines.

TISIMANDRE.

Puis qu'Alcidor pour vous n'a point de sentiment,
Pourquoy differez-vous de faire vn autre Amant?

YDALIE.

Si ie suis insensible au tourment qui vous presse,
Pourquoy differez-vous de changer de maitresse?

TISIMANDRE.

Croyez, que si i'en parle aueeque passion,
C'est moins par interest que par affection:
Mais ie crains qu'en ce feu dont vous estes éprise,
Vostre honneur ne se perde aprés vostre franchise.
Vous sçauez que désja l'on murmure tout bas,
De vous voir si souuent le suiure pas à pas.

YDALIE.

Quoy qu'on ait dit de moy par haine ou par enuie,
Tousiours mes actions répondront de ma vie.

TISIMANDRE.

Bien qu'aucun à bon droit ne vous puisse blâmer
D'estimer sa vertu, de le voir, de l'aymer:
Pourquoy recherchez-vous de penibles conquêtes,
Vous à qui le bon-heur en offre de si prêtes.

YDALIE.

Vous perdez vostre temps, ne m'importunez plus,
Je suis lasse d'oüyr vos discours superflus.

TISIMANDRE.

A quelles dures loix me voulez-vous contraindre,
Ne m'est-il pas permis en mourant de me plaindre.

YDALIE.

Ne vous affligez point, vous n'en sçauriez mourir,
Le mal que vous auez est facile à guérir.

TISIMANDRE.

Rien ne me peut guérir du mal qui me possede,
Si vostre belle main n'en donne le remede.

YDALIE.

Le remede d'Amour depend de la raison.

TISIMANDRE.

Suiuez donc son conseil pour vostre guérison.

YDALIE.

Mon tourment est si doux qu'il m'en oste l'envie.

TISIMANDRE.

Le mien est si cruel qu'il m'ostera la vie,
Si vous ne moderez vostre inhumanité.

YDALIE.

Pensez-vous m'y forcer par importunité?

TISIMANDRE.

Non certes, mais plûtost par mon amour extrême.

YDALIE.

Amour m'oblige-t'il d'aimer tout ce qui m'aime?

TISIMANDRE.

Oüy, plûtost qu'un ingrat, qui ne vous aime pas.

YDALIE.

Ie choisiray plûtost d'épouser le trépas,
Que iamais vous voyez vostre vaine entreprise,
Rendre dessous vos loix ma liberté soûmise.

TISIMANDRE.

O cruelle beauté, quel astre malheureux

Se plaist à trauerser nos desirs amoureux,
Quel charme, ou quelle erreur ont troublé nos pensées?
Quels traits enuenimez ont nos ames blessées?
Quel funeste assendant nostre destin conduit,
Qui nous faict à tous deux aymer ce qui nous fuit?
Nous verrons écouler l'auril de nostre vie,
Sans goûter les plaisirs où l'âge nous conuie:
Et lors qu'en cheueux blancs nous le verrons finir,
Nous pleurerons le temps qui ne peut reuenir.
Les ans coulent sans cesse, & iamais leur cariere,
Non plus que des torrens ne retourne en arriere.
Ils faniront bien tost la fleur de vos beautez,
Et vangeront ma foy de tant de cruautez.

DARAMET.

Prenons cette victime, & couronnons sa teste
De guirlandes, & de fleurs pour honorer la feste:
Chindonnax a désja le bûcher preparé:
Vous viendrez, vostre crime est assez aueré.

YDALIE.

Dequoy m'accuse-t'on? quelle noire impudence
Peut d'vn front asseuré taxer mon innocence.

DARAMET.

Vous le pourrez sçauoir du Sacrificateur.

YDALIE.

O Ciel! Iuge de tout, soyez mon protecteur.

Soûtenez mon bon droit contre la calomnie.

TISIMANDRE.

Arrestez, arrestez, perdez cette manie
De vouloir de mes bras ma maîtresse rauir:
Ie leur resiste en vain, ie ne luy puis seruir:
Tout ce que ie puis faire en ce dernier office,
C'est de m'offrir pour elle au feu du sacrifice.

ACT. QVATRIEME.

SCENE QVATRIEME.

DAMOCLEE. LVCIDAS.

DAMOCLEE.

QVe sert de me celer ce que ie veux sçauoir,
Pensez-vous m'empescher de faire mon deuoir:
Cette pâle couleur qui vous monte au visage
Du malheur de ma fille est un mauuais presage.
Il est hors de propos de le taire à present,
Vostre discretion l'accuse en l'excusant.
Parlez donc librement, n'vsez plus d'artifice,
Celuy qui taist le mal semble en estre complice.

LVCIDAS.

Qui vous fait de si prés un crime rechercher,
Que vous mesme deuriez à vous mesme cacher.

DAMOCLEE.

Cela ne se peut plus, cette desesperée
Qui s'est pour ce malheur du monde retirée,
Par ce grand changement en elle suruenu,
Rend de son déplaisir le sujet trop cognu:
Chacun sçait le peché dont ma fille est blâmée,
Mon deuoir seulement preuient la renommée.

LVCIDAS.

Nature vous oblige à cherir vostre enfant.

DAMOCLEE.

Quand il est vicieux l'honneur me le défend.

LVCIDAS.

Quoy la loy de l'honneur est-elle si cruelle
Qu'elle fasse oublier l'amitié paternelle?

DAMOCLEE.

Nostre honneur suit tousjours la loy de l'equité,
Qui veut que chacun ait ce qu'il a merité,

Si ma fille est coupable, il faut que dans la flâme
Elle purge son corps, en expirant son ame?
La loy de Lutessie en faueur de nos Dieux
Condamne l'impudique à la flâme des Cieux:
Donc pour estre pieux soyez moins pitoyable,
Et me dites le mal dont ma fille est coupable.

LVCIDAS.

Je ne vous diray point ce que vous sçauez bien.

DAMOCLEE.

Las! vous me dites tout en ne me disant rien.
Ie voy bien ce que c'est il faudra qu'elle meure,
Ie luy vay preparer sa derniere demeure.

LVCIDAS.

O iustice eternelle, à quelle impieté
A la fureur d'Amour mon esprit transporté,
Ie me verray forcé de faire vne iniustice;
Mais ie ne suis pas seul, l'Amour est mon complice:
Cette ingrate Beauté qui m'a manqué de foy,
A contraint vn Dieu-mesme à faillir comme moy.
Innocente victime, aussi chaste que belle,
Que ma ialouse rage a rendu criminelle,
Pourray-ie auoir le cœur de te voir aujourd'huy
Souffrir le châtiment de la faute d'autruy?
En ces iustes remors, mon Dieu que puis-ie faire,
Dois-ie dire ma faute, ou si ie la dois taire?
Pour la iustifier il me faut accuser

Du mal que méchamment i'ay voulu supposer.
Lors que l'on a failly contre sa consçience,
La honte de le dire est pire que l'offence.
Il faut donc persistant en ma méchanceté,
Pour parêtre equitable accuser l'equité.
Mais désja Chindonnax attend la criminelle,
Il est temps de penser à témoigner contr'elle.

ACT. QVATRIEME.

SCENE CINQVIESME.

CHINDONNAX. DAMOCLEE. LVCIDAS. YDALIE. TISIMANDRE. DARAMET. CLEANTE.

CHINDONNAX.

VOus serez estimé des hommes & des Dieux,
Quand nous auons produit vn enfant vicieux
Il faut de nostre sang retrancher ce prodige,
Ainsi qu'vn mauuais bois indigne de sa tige:
Et d'vn cœur genereux témoigner constamment
D'oublier pour l'honneur tout autre sentiment.

Mais dites-nous Vieillard comment peûtes-vous faire,
Pour cognoître leur faute en ce bois solitaire.

DAMOCLEE.

Lucidas découurit leur impudicité
A trauers le cristal d'vn miroir enchanté.

CHINDONNAX.

Gardez-vous bien mon fils d'accuser l'innocence,
Les Dieux iustes & bons veillent pour sa defence,
Qui des faicts incognus arbitres & tesmoins
Découurent tost où tard ce que l'on sçait le moins:
Ils parlent par ma voix des actions passées,
Et par mes propres yeux lisans dans les pensées,
M'y font voir clairement les faits les plus douteux:
Bref estant deuant moy vous estes deuant eux:
Tirez donc de vostre ame vn discours veritable,
Qui rende l'accusée innocente ou coupable.

LVCIDAS.

Pourquoy pere sacré me faites vous ce tort,
De vouloir que ie sois la cause de sa mort.

CHINDONNAX.

Vous n'estes de sa mort ny cause, ny complice,
Ce n'est que son peché qui la meine au supplice.

LVCIDAS.

Mais son crime sans moy n'eût point esté preuué.

CHINDONNAX.

Mais son crime sans vous fut tousjours arriué.

LVCIDAS.

Mais tousjours c'est par moy qu'on la rend criminelle.

CHINDONNAX.

Non, mais plûtost par vous la iustice eternelle,
Dont l'absolu pouuoir qu'elle m'a mis és mains,
Defend de me celer les crimes des humains.

LVCIDAS.

Que vous puis-ie celer, ny que vous puis-ie dire,
Chacun sçait le malheur dont ce Vieillard soupire,
Luy-mesme vous la dit

CHINDONNAX.

Aussi ce que i'attens
Est de sçauoir le lieu, la façon & le temps.

LVCIDAS.

Désja le chaud du iour chassoit la matinée,
Lors que s'est consommé ce funeste Hymenée:
Vn bois au bord de Seine en son ombre a caché
De ces ieunes Amans la honte & le peché.

CHINDONNAX.

Reste à sçauoir l'endroit où s'est commis l'offence.

LVCIDAS.

Où le Mont de Valere en la plaine s'auance.

CHINDONNAX.

Nous en sçauons assez, retirez-vous Berger:
Qu'on amene Ydalie, il faut l'interroger.

YDALIE.

Quelle timide horreur se glace dans mon ame,
Ie voy l'autel, le fer, le bucher, & la flâme
Qu'apreste contre moy l'iniustice du sort:
O Dieux! combien de morts pour vne seule mort.

CHINDONNAX.

Asseurez vostre esprit, que la honte & la crainte
Qui tiennent maintenant vostre voix en contrainte,
Ne vous empéche point de vous iustifier.

YDALIE.

Où mon timide espoir se peut-il plus fier?
Le Ciel iuge de tout, est icy ma partie,
Puis que de son Autel, ie dois estre l'hostie.

CHINDONNAX.

Le Iuge de là haut exempt de passion,
Ne peut estre sensible à la corruption,
Luy qui tient en ces mains le Ciel, la terre & l'onde,
Accepte sans besoin les offrandes du monde,
Et ce qu'à ces Autels nous faisons aujourd'huy,
C'est pour nous seulement, on ne fait rien pour luy:
Mais d'vn si haut sujet nos esprits incapables,
De blaspheme où d'erreur seroient iugez coupables:
C'est pourquoy d'vn discours medité promptement,
De qui la verité soit le seul ornement,
Dites-nous franchement sans faire l'étonnée,
Où vous auez passé toute la matinée.

YDALIE.

Sous le mont de Valere, auprés d'vn buisson clos,
Où quelquesfois la Seine a répandu ses flots.

CHINDONNAX.

Quel Berger estoit lors en vostre compagnie.

YDALIE.

Alcidor.

CHINDONNAX.

C'est tout dire.

YDALIE.

O quelle calomnie,
Me veut-on accuser d'auoir faict dans ce bois
Quelque chose auec luy contre ce que ie dois?
Que plûtost ie perisse en l'infernale flâme,
Que iamais ce desir me tombe dedans l'ame.

DAMOCLEE.

Ah! pauure malheureuse, helas! ou pensois-tu
Alors que tu faisois ce tort à ta vertu,
Faut-il qu'aux yeux d'vn Iuge & d'vne populace,
Ie t'offre pour victime à l'honneur de ma race.

YDALIE.

Mon pere apaisez-vous, vn iour la verité
Découurira la fraude & mon integrité,
Et croyez qu'aujourd'huy, quelque mal qui m'auienne,
Ie plaindray vostre peine autant comme la mienne.

DAMOCLEE.

En cêt excés d'ennuis qui me vient tourmenter,
Ie ne sçay quelle perte est plus à regreter,
Celle de son honneur, où celle de sa vie.
Ie sçauois qu'à la parque elle estoit asseruie,
Puis que ie suis mortel il ne m'est point nouueau,
Que ce qui sort de moy soit sujet au tombeau.
Mais elle est sans raison aux vices adonnée;

D'vn pere vicieux elle n'estoit point née:
Ah! ie pâme, ie meurs.

DARAMET.

Ces cris sont superflus,
Il les faut appaiser.

DAMOCLEE.

Ah! Dieux ie n'en puis plus,
L'excez de ma douleur m'empéche la parole.

CHINDONNAX.

Allez sage Vieillard l'Eternel vous console,
Allez verser chez vous ces inutiles pleurs,
Sa presence ne fait qu'augmenter vos douleurs.
Or sus, il s'en va temps de conduire l'hostie,
Qu'on appreste l'encens, la farine rôtie,
Et les coûteaux sacrez, c'est trop perdre le temps.

YDALIE.

Me faut-il donc mourir, Dieux qu'est-ce que i'entens,
Pense-t'on que le Dieu que ce bois represente,
Se plaise à voir le sang d'vne fille innocente.

TISIMANDRE.

Que ce soit plûtost moy que l'on meine à la mort,
Aussi bien chacun sçait que l'Amour & le sort

M'ont condamné pour elle à mourir dans la flâme.

CHINDONNAX.

Cela ne se peut pas, i'en porterois le blâme,
Dieu n'ayme rien d'iniuste, & iamais ne consent
De voir pour le pecheur endurer l'innocent.

TISIMANDRE.

Ie luy montreray donc en mourant premier qu'elle,
Que ie suis courageux autant comme fidelle.

DARAMET.

Arrestez-vous Berger

TISIMANDRE.

Ne m'en empéchez point,
Aussi bien que l'Amour la raison me l'enjoint:
C'est le meilleur aduis qu'à present ie puis suiure,
Il faut sçauoir mourir quand on ne doit plus viure.

CHINDONNAX.

Pour vn si beau sujet, vos pleurs sont appreuuez;
Mais apres l'auoir plainte autant que vous deuez,
Ne nous obligez point à vous plaindre vous-mesme.

TISIMANDRE.

Ne me défendez point de suiure ce que i'ayme.

CHINDONNAX.

Quel espoir vous conuie à la suiure au trépas,
Vos yeux ny verront plus ces aimables apas,
La grace, la beauté, la ieunesse & la gloire
Ne passent point le fleuue, où l'on perd la memoire.

TISIMANDRE.

Rien ne peut éfacer les agreables traits,
Dont elle a dans mon ame imprimé ses attraits;
L'enfer n'a point d'horreurs, ny de nuicts assés sombres,
Dont le iour de ses yeux ne dissipe les ombres.

CHINDONNAX.

Ces yeux & ce beau teint de rozes & de lis,
Sous celuy de la mort seront enseuelis:
L'horreur qui l'accompagne est à toutes commune,
On n'y recognoit point la blanche de la brune.

TISIMANDRE.

Bien-heureux si ie perds auec le sentiment
Le feu dont son amour me brûle incessamment:
Mais plus heureux encor, si mon ame fidelle
Conserue aprés ma mort l'amour que i'ay pour elle.

CHINDONNAX.

Toutes les passions qui regnent icy bas,

Ne ſuiuent point noſtre ombre en la nuict du trépas:
Ce qu'on dit de Pluton & de ſes Eumenides,
N'eſt qu'vne impreſſion qu'ont les ames timides.
Ces lieux où prennent fin nos peurs & nos deſirs,
N'ont point de ſi grand maux, ny de ſi doux plaiſirs:
Que cét âge où l'Amour armé de tant de flâmes,
Commence à s'alumer dedans les belles ames:
Chacun ſi rend luy meſme heureux ou malheureux,
Selon qui ſe gouuerne aux plaiſirs amoureux.
L'vn attache ſes vœux aux conquétes faciles,
L'autre volant trop haut, rend les ſiens inutiles:
Bref des fleurs que produit cette belle ſaiſon,
L'vn en tire le miel, & l'autre le poiſon:
Viuez donc & perdez cette ardeur incenſée,
Qui depuis ſi long-temps trouble voſtre penſée,
Et ſage à vos dépens joüiſſez des plaiſirs
Qu'Amour & la ieuneſſe offrent à vos deſirs.

TISIMANDRE.

Non, non il faut mourir, la raiſon m'y conuie,
La mort m'eſt à preſent plus douce que la vie;
I'aime mieux n'eſtre point que d'eſtre malheureux.

CHINDONNAX.

Croyez-moy Tiſimandre, vn eſprit genereux
Oppoſe ſa conſtance au malheur qui l'irrite,
Et ſe reſout plûtoſt au combat qu'à la fuite.

TISIMANDRE.

La mort ſeule a pouuoir de vaincre mon ennuy.

CHINDONNAX.

Quelle erreur de mourir pour la faute d'autruy.

TISIMANDRE.

Mais quelle erreur plûtost de iuger l'innocence,
Sans vouloir seulement écouter sa défence.

CHINDONNAX.

Il faut que lâchement ie me souffre outrager:
Car quel mal puis-ie faire à ce ieune Berger,
Que celuy que luy-mesme à luy-mesme desire?

TISIMANDRE.

La peur ne me fera, ny taire, ny dédire,
Ie veux oüyr l'auteur de cette fausseté,
Qui veut taxer l'honneur de sa pudicité.

CHINDONNAX.

Bien vous serez content, dites que l'on rappelle
Ce Berger, qui n'a guere a témoigné contr'elle.

YDALIE.

A quel poinct m'a reduit la cruauté des Cieux,
Qu'il faille qu'en mourant, les hommes & les Dieux

Cognoissent sa constance & mon ingratitude?

CHINDONNAX.

Voicy ce qu'on attend auec inquietude?
Venez-ça mon amy, dites la verité,
Comment la vites-vous en ce verre enchanté?

LVCIDAS.

A peine le Deuin auoit dit les paroles,
Que la magie enseigne en ses noires escoles,
Qu'il ressort de son antre, & m'apporte vn cristal
Qui fait voir à mes yeux le bocage fatal,
Où ces ieunes Amans, francs de honte & de blâme
Eteignent tous les iours leur amoureuse flâme.

TISIMANDRE.

Osez-vous miserable accuser les absens?
Sur l'objet qu'vne glace a produit à vos sens.

LVCIDAS.

I'ay regret de luy vendre vn si mauuais office,
Mais il me faut vouloir ce que veut la iustice.

CLEANTE.

Graces aux Immortels, nos Amans sont vnis,
Les pleurs sont appaisez, les tourmens sont finis:
D'vne extrême douleur vient vne extrême ioye,
L'on plaint à tort le mal que l'Amour nous enuoye.

Qui vit dessous ses loix doit tousjours esperer,
Il fait rire à la fin ceux qu'il a fait pleurer.

LVCIDAS.

Quelle bonne nouuelle en ce lieu vous ameine?

CLEANTE.

La nopce qui se faict au logis de Silene.

LVCIDAS.

Peut-on parler de nopce, & voir tant de malheurs?

CLEANTE.

L'aize de toutes pars a terminé les leurs.
A la fin d'Alcidor le fidele seruice
A touché de pitié la Bergere Artenice,
De son bon-heur extrême vn chacun se ressent,
Il s'épouse demain, le bon-homme y consent,
Son logis est désja tapissé de ramées,
De fenoüil & de fleurs les sales sont semées,
Et désja mains agneaux, victimes du festin,
Le coûteau dans la gorge acheuent leur destin.

LVCIDAS.

O Dieux! quel changement, quelle étrange nouuelle,
O Bergere inconstante! ô teste sans ceruelle!
Où sont allez ces vœux pleins de zele & de foy?

Seras

Seras-tu donc parjure à ton Dieu comme à moy?
Ie croy que ta promesse estoit plus incertaine,
Que les enchantemens du deuin Polistene.

TISIMANDRE.

Remarquez ce qu'il dit, écoutez-le parler?

LVCIDAS.

O Dieux! le desespoir me faict tout deceler.

DARAMET.

Ie voy la verité, luy-mesme la confesse,
Lucidas enragé de voir que sa Maîtresse
Des flâmes d'Alcidor auoit le cœur touché,
A par l'art du Deuin produit ce faux peché,
Qui deceuant les yeux & l'ame d'Artenice,
La rend de cette erreur innocemment complice.

CHINDONNAX.

Cela n'est pas sans doute, il faut tout à loisir
Y penser meurement, & pendant se saisir
Du Deuin & de luy, peût-estre en la torture
Ils pourrons l'vn ou l'autre auouër l'imposture.

LVCIDAS.

Pardonnez au Deuin, i'ay tout seul merité
Le iuste châtiment de cette iniquité;

I'en suis le seul auteur, il n'en est que complice.

CHINDONNAX.

Puis qu'il a confessé son insigne malice,
Qu'on mette hors des fers cette ieune beauté,
Qui recouure l'honneur auec la liberté:
Et que cêt imposteur y soit mis en sa place.
C'est à vous d'ordonner ce qu'il faut qu'on en face,
Prononcez donc ma fille, ou sa vie, ou sa mort.

LVCIDAS.

Belle ame qui pouuez disposer de mon sort,
Si iamais les soûpirs d'vn Amant miserable
Ont peut tirer de vous vn regard fauorable:
Si vous auez le cœur aussi doux que les yeux,
Mettez fin à mes iours, ce sera pour le mieux,
Ie voy de tant d'ennuis ma fortune suiuie,
Que me donner la mort, c'est me donner la vie.

YDALIE.

Non, tu ne mourras point, ie veux pour te punir
Qu'à iamais ton peché viue en ton souuenir.

CHINDONNAX.

Laissez le donc aller.

LVCIDAS.

O Dieux quelle sentence!

Faut-il donc qu'à iamais ie pleure mon offence?

YDALIE.

Et vous fidele Amant, mon support, mon bon-heur,
Dont ie tiens à present ma vie & mon honneur:
De quel digne loyer qui soit en ma puissance
Puis-ie recompenser vostre extrême constance?
En vous donnant mon cœur, ie ne vous donne rien,
Vous l'auez racheté, c'est vostre propre bien:
Disposez donc de moy fidele Tisimandre,
L'Amour & le deuoir m'obligent à me rendre.

TISIMANDRE.

O l'heureux accident! en fin mon cher soucy,
L'Amour a t'il touché vostre cœur endurcy,
Belle & chere maistresse, en fin est-il croyable
Que ma fidelité vous rende pitoyable,
Et que ces deux Soleils, dont le Ciel est jaloux,
Se rendent à mes vœux si iustes & si doux?

YDALIE.

Vos extrémes faueurs, certes ie le confesse
M'ont faict vostre captiue & non vostre maistresse.
Oubliez donc ce nom, viuez plus franchement,

TISIMANDRE.

Vous auez tout pouuoir vsez-en librement,
Mon cœur est vostre esclaue, il ne vous peut dedire,

L'heur de vous obeyr est tout ce qu'il desire,
Il se tient trop heureux d'estre en vostre prison.

YDALIE.

Quittons là ces discours qui sont hors de saison,
Et supplions chacun de rendre tesmoignage
De l'accord mutuel de nostre Mariage.

TISIMANDRE.

Alons donc mon Soleil rendre nos vœux contens.

YDALIE.

Alons le plus parfait des Bergers de ce temps.

CHINDONNAX.

En fin des Immortels la iustice profonde
A découuert la fraude aux yeux de tout le monde;
A la fin chacun voit que leur bras tout puissant
Sçait punir le coupable & sauuer l'innocent,
Et quelque empéchement que l'artifice apporte,
Tousjours la verité se treuue la plus forte.

CHOEUR DES Sacrificateurs.

A Ce coup nous voyons qu'Astrée
Veut encore en cette contrée

Faire éclater la ſplendeur de ſes loix;
Et que ſa puiſſance Diuine,
Qui ſur toutes choſes domine,
A meſme ſoin des Bergers que des Rois.

L'innocence eſt victorieuſe
De la malice injurieuſe
Qui ſuit tousjours le plus mauuais conſeil;
Et la verité recogneuë
Témoigne qu'elle eſt ſoûtenuë
Au meſme appuy qui ſoûtient le Soleil.

Certes il n'eſt point d'artifice,
Dont les Dieux ennemis du vice
Ne faſſent voir les plus ſecrets reſſorts:
Leurs pouuoirs qui deſſus nos teſtes
Tiennent & pouſſent les tempeſtes,
Ne ſont pas moins equitables que forts.

Par eux la victime eſt menée,
Du bûcher au lict d'Hymenée,
Aprés les pleurs, les plaiſirs ont leur tour:
Ils n'ont pû ſans ſe faire outrage,

Condamner vn ſi bel ouurage
A d'autre feu qu'à celuy de l'Amour.

Comme on voit aprés les orages
Le Soleil chaſſant les nuages
Se r'alumer auec plus de clarté;
Ses yeux encores plains de larmes
Reprenant de nouuelles armes,
Semblent plus beaux qu'ils n'ont iamais eſté.

Heureux celuy dont la conſtance
A ſurmonté la reſiſtance,
Qui s'oppoſoit à ſon affection,
Et qui n'aura pas moins de gloire
En cette amoureuſe victoire,
Que de plaiſir en la poſſeſſion.

Que puiſſent leurs ames bien nées
Poſſeder à longues années
Les fruicts d'Amour les plus delicieux;
Et par leurs flâmes mutuelles
Peupler nos champs d'Amans fideles,
Et nos autels nouueaux de demy Dieux.

ACT. CINQVIEME.

SCENE PREMIERE.

Le vieil ALCIDOR. CLEANTE.

Le vieil ALCIDOR.

NE sçaurois-ie treuuer vn fauorable port
Où me mettre à l'abry des tempestes du sort?
Faut-il que ma vieillesse en tristesse feconde,
Sans espoir de repos erre par tout le monde?
Heureux qui vit en paix du laict de ses brebis,
Et que de leur toison voit filer ses habits;
Qui plaint de ses vieux ans les peines langoureuses,
Où sa ieunesse a plaint les flâmes amoureuses;
Qui demeure chez luy comme en son element,
Sans cognoistre Paris que de nom seulement,
Et qui bornant le monde aux bords de son Domaine
Ne croit point d'autre mer que la Marne ou la Seine.
En cet heureux estat le plus beau de mes iours
Dessus les riues d'Oise ont commencé leurs cours.
Soit que ie prisse en main le soc ou la faucille,
Le labeur de mes bras nourrissoit ma famille;
Et lors que le Soleil en acheuant son tour

Finissoit mon trauail en finissant le iour,
Ie treuuois mon fouyer couronné de ma race,
A peine bien souuent y pouuois-ie auoir place:
L'vn gisoit au maillot, l'autre dans le berceau,
Ma femme en les baisant deuidoit son fuseau:
L'vn écailloit des noix, l'autre teilloit du chanvre;
Iamais l'oisiueté n'entroit dedans ma chambre:
Aussi les Dieux alors benissoient ma maison;
Toutes sortes de biens me venoient à foison.
Mais, helas! ce bon-heur fut de peu durée;
Aussi tost que ma femme eût sa vie expirée,
Tous mes petits enfans la suiuirent de prés,
Et moy ie restay seul accablé de regrets,
De mesme qu'vn vieux tronc, relique de l'orage,
Qui se voit dépoüillé de branches & d'ombrage.
Ma houlette en mes mains, inutile fardeau,
Ne regit maintenant ny chévre ny troupeau:
Vne seule Brebis qui m'estoit demeurée,
S'estant loin de ma veuë en ce bois égarée,
Y ietta son petit auec vn tel effort,
Qu'en luy donnant la vie, il luy donna la mort.
Voyant tant d'accidens m'arriuer d'heure en heure,
Ie cherche à me loger en vne autre demeure,
Pour voir si ce malheur à ma fortune ioint,
En quittant mon pays ne me quittera point,
Et si les champs où Marne à la Seine se croise,
Me feront plus heureux que le riuage d'Oise.

CLEANTE.

Ne cherchez point ailleurs ou vous mettre en repos,
Vous ne sçauriez treuuer vn lieu plus à propos

Pour rendre vostre vie en tous biens fortunée,
Nos fertilles coûtaux portent deux fois l'année,
Et les moindres épics qui dorent nos guerets
S'egalent en grandeur aux chénes des forests.
Icy le bien sans peine abonde en nos familles,
Et nos champs vsent moins de socs que de faucilles.
Icy le doux Zephir Roy de nostre Orison,
Faict de toute l'année vne seule saison.
La Nimphe de la Marne, & le Dieu de la Seine,
Qui pour leur mariage ont choisi cette plaine,
Nous témoignent assez par leurs tours & retours,
Le deplaisir qu'ils ont d'en éloigner leurs cours.
L'impitoyale horreur des foudres de la guerre
A quitté par respect cette fertille terre;
La iustice & la paix y regnent à leur tour,
Nous n'y sommes bruslez que des flâmes d'Amour.
Mais helas! de ce Dieu, les flâmes & les charmes,
Causent bien dans nos champs de plus grandes alarmes
Que ne faisoient iadis ces bataillons espars,
Que la rebellion semoit de toutes pars.
Encore à ce matin cette boüillante rage
Animant d'Alcidor l'impetueux courage,
La fait ietter dans l'eau, d'où la force du vent
La remis à la riue aussi mort que viuant.

Le vieil ALCIDOR.

Et comment, Alcidor est-il encore en vie?

CLEANTE.

Vous le pourrez bien voir s'il vous en prend enuie,

Il épouse à ce soir cette aimable Beauté,
Pour qui dedans la Seine il s'est precipité:
I'offre à vous y mener.

Le vieil ALCIDOR.

Alons, à la bonne heure,
Ie ne pouuois treuuer de fortune meilleure;
Le desir de reuoir ce que i'ay tant aymé
R'animeroit mon corps au cercueil enfermé.

ACT. CINQVIEME.

SCENE SECONDE.

SILENE. DAMOCLEE. CLORICE. ALCID. ARTENICE. CRISANTE.

SILENE.

EN fin la destinée est à mes vœux propice,
Ma volonté s'accorde à celle d'Artenice,
En fin aprés l'orage arriue le beau temps,
La fin de nos malheurs rend nos desirs contens,
Ie iure qu'à present ie le suis autant qu'elle
De ce qu'elle a fait chois d'vn Amant si fidele!
Alons donc mes enfans, alons tout de ce pas,
Nos voisins assemblez nous attendent là bas,

Et dêsja dans le Bourg, toute la populace
Au son des violons s'assemble dans la place.
Mais qui cognoist celuy qui vient tout droit à nous?

ARTENICE.

Vous le pouuez cognoistre.

SILENE.

Ha! mon frere est-ce vous?
Ie n'auois pas osé vous prier de la feste,
Croyant que le malheur, qui vostre fille arreste
A souffrir dans le feu son iuste châtiment,
Toucheroit vostre coeur de quelque sentiment.

DAMOCLEE.

Mon frere mon amy, ie n'en suis plus en peine,
Dieu qui des innocens est la garde certaine
A découuert la fraude, & m'a desabusé
Du crime que contre elle on auoit supposé.
Je viens vous faire part de l'excessiue ioye
Qu'aprés tant de malheurs la fortune m'enuoye.

SILENE.

Qui vous a découuert cette méchanceté?

DAMOCLEE.

Lucidas, de colere & d'amour transporté,

Quand il sçeut qu'Alcidor malgré son artifice
Epousoit à ce soir vostre fille Artenice;
Se trouble, se confond, & parmy ses regrets
La rage ouurant la porte a ses pensers secrets,
Il rend sa calomnie à chacun apparente,
Il est Iuge coupable, & ma fille innocente,
Reçoit l'affection de son fidele Amant,
Qui lors voulut pour elle endurer le tourment.

CLORISE.

Quoy? cette ame endurcie, en fin se laisse prendre
Aux obligations du Berger Tisimandre?
Quoy? celle qui brauoit l'Amour & son pouuoir,
S'est donc renduë esclaue aux chaines du deuoir?

DAMOCLEE.

C'est-ce que i'en aprens d'vn messager fidele.

SILENE.

Ie ne pouuois sçauoir de meilleure nouuelle,
Nos cœurs n'ayant qu'vn but, & qu'vn mesme desir,
Se font part de leur ioye & de leur deplaisir,
Et semble qu'en naissant la main des Destinées
Dans vne mesme trame ait ourdy nos années.

ALCIDOR.

A la fin on cognoist auecque l'équité
Le tort que l'on faisoit à ma fidelité,

En fin, mon beau soleil, malgré la médisance,
Les plus beaux yeux du monde ont veu mon innocence:
L'Amour est equitable, il le témoigne assez,
Ceux qui l'ont bien seruy sont bien recompensez.

ARTENICE.

Vostre foy, mon Berger si long-temps maintenuë
Auant son arriuée estoit assez cogneuë,
Ce que i'apprens de luy n'augmente nullement,
Ny mon affection, ny mon contentement,
Rien ne peut augmenter les choses infinies.

SILENE.

En fin de toutes parts nos craintes sont bannies,
Ne perdons point de temps en discours superflus:
Alons, mes chers enfans, il ne nous reste plus
Que d'accomplir les vœux de vostre mariage.

CRISANTE.

Ie crains bien qu'il ne soit de sinistre presage.

ARTENICE.

Quel timide soupçon vous faict ainsi parler?

CRISANTE.

Ce que pour vostre bien ie ne dois point celer.

ARTENICE.

Dieu qui peut empécher ce que chacun desire;

CRISANTE.

Vous-mesme le sçauez, si vous le voulez dire.

ARTENICE.

Ie n'entens point cela, si vous ne l'expliquez:
Ie croy que c'est vn songe, ou que vous vous moquez.

CRISANTE.

C'est de vray l'vn des deux, ie ne m'en sçaurois taire,
Il faut pour nous seruir quelquefois nous deplaire.
La grande Deïté fauorable aux mortels,
Qui les hommes bannist de ses chastes autels,
S'est fait voir à mes yeux aussi belle que sainte,
Telle que nostre foy dans nos ames la peinte.
D'vne voix éclatante, & d'vn front irrité,
Aprés auoir reprins mon incredulité
M'a dit ainsi qu'à vous, que i'eusse souuenance
De ne vous marier que par son ordonnance.
Son salutaire aduis ne fut pas entendu,
Quand par sa propre bouche il vous fut defendu
De ne prendre mary que dans vostre lignage;
Par ce que vos méoris nous donnant témoignage,
Que vostre affection ne pouuoit appreuuer
L'Hymen que Lucidas s'éforçoit d'acheuer;
Ie creu que vous pensiez auec ces artifices
De vostre inimitié rendre les Dieux complices:
Mais ces dernieres nuicts, sa presence, & sa voix,
M'ont osté tout à fait le doute que i'auois:

La vigne qui pendoit au dessus de sa teste,
Me la fist remarquer comme ell'est à sa feste;
Où comme elle estoit, lors que ma deuotion
Confia vostre vie en sa protection;
Peut-estre preuoyant ce fatal Hymenée,
Sa faueur prend ce soin de vostre destinée:
Si donc vous en auez de vostre vtilité,
Ne vous mariez point contre sa volonté.

SILENE.

C'est le meilleur aduis, quoy que vous puissiez dire,
Que de ne faire rien que ce qu'elle desire.

ARTENICE.

Que deuiendray-ie donc? chetiue que ie suis?
Que ne m'a t'on permis de finir mes ennuis?
Dans ce paisible lieu, franc d'Amour & d'enuie,
Où ma bonne fortune auoit conduit ma vie?

ALCIDOR.

Quoy donc, chere Beauté, nous fera-t'on ce tort
De vouloir pour un songe empécher nostre accord?
Pour vne vision, vne ombre, vne chimere,
Qui s'engendre au cerueau de vostre vieille mere;
Veut-on recompenser mon seruice de vent?

CRISANTE.

Cecy n'est point l'effect d'vn songe deceuant,

Produit d'vn faux obiect, ou vapeur incognuë
Au debile cerueau d'vne vieille chenuë:
Ma fille, qui sçait bien quelle est la verité,
Ne m'accusera point de l'auoir inuenté.

CLORISE.

Berger ne croyez point que ce soit vne fable,
Ce que vous dit Crisante est chose veritable.

ALCIDOR.

Quelle presomption de croire que les Dieux
Qui là haut sont rauis en la gloire des Cieux
Daignent penser en nous, qui ne sommes que terre:
Leur soin est d'éclairer ce que le Ciel enserre,
Regler le mouuement de tant d'Astres diuers,
Separer les Estez d'auecques les Hyuers,
Sauourer les douceurs dont leurs coupes sont plaines,
Et non pas s'amuser aux affaires humaines.

CLORISE.

Les Dieux ne sont point tels comme vous les pensez,
Bien qu'à de plus grands soins ils s'occupent assez;
Toutesfois Alcidor leur sagesse profonde
Songe à tout ce qui vit sur la terre & dans l'onde,
Tous les iours leurs effets le font voir clairement,
Et c'est impieté de le croire autrement.

ALCIDOR.

S'ils pensent aux mortels ce n'est que pour me nuire.

CLORISE.

O Dieux! à quel demon vous laissez-vous seduire?
Ne parlez pas ainsi de la Diuinité,
Elle vous puniroit de vostre impieté,
Quelle fasse de moy tout ce qu'elle desire,
Mon mal est en tel point qu'il ne peut estre pire?
Celle par qui ie perds l'espoir de me guérir,
Peut m'empescher de viure & non pas de mourir.

ARTENICE.

Gardez-vous bien Berger d'auancer vos années,
Ma vie & mon amour sont en vous terminées:
Viuez pour Artenice.

ALCIDOR.

O quel commandement!
Faut-il donc que pour vous ie souffre incessamment?
Ne vaudroit-il pas mieux qu'vne mort genereuse
Etaignit de mon cœur cette flâme amoureuse,
Et bannit de vos yeux ce miserable Amant,
Qui ne sert qu'à troubler vostre contentement?
Bien, bien, ie viuray donc en quelque solitude,
Où vous n'aurez point part à mon inquietude.
Loin des bords de la Seine en ces lieux écartez,
Que les mers d'Occident baignent de trois côtez,
Où pour nourrir le feu de nôtre amour passée,
Vostre objet à iamais viura dans ma pensée.

ARTENICE.

O Dieux ! que deuiendray-ie aprés tant de malheurs;
Quoy vous me laissez donc en proye à la douleur,
Où treuueray-ie vn port en toutes ces tempestes,
Le Ciel est inflexible à mes iustes requestes.

CLORISE.

Tous ces pleurs & ces cris ne vous seruent de rien,
Vous estes chere aux Dieux, ils le témoignent bien;
Il faut esperer d'eux vostre bonne auanture;
Le soin qu'ils ont de vous m'en donne bonne augure.

ARTENICE.

D'ou peut-elle venir.

CLORISE.

De leurs fatales mains,
D'où les biens & les maux arriuent aux humains.

ARTENICE.

Aussi ce n'est qu'en eux où mon espoir se fonde;
Il faut, il faut pour eux abandonner le monde,
Et chercher mon repos en seruant leurs autels,
Puis qu'on me le refuse auecque les mortels.

CLORISE.

Elle plaint à bon droict l'ennuy qui la menace,
Puis que le seul Berger qui restoit de sa race
Est auec Ydalie engagé par la foy.

DAMOCLEE.

Tisimandre se trompe, il ne peut rien sans moy,
Ie ne permettray point que cela s'accomplisse,
Ie le veux redonner à l'amour d'Artenice.

CLORISE.

Vostre bon naturel luy vient tout à propos;
Elle tiendra de vous l'espoir de son repos,
Pourueu que ce Berger y vueille condescendre.

SILENE.

Quand mesme il le voudrois, ie n'y dois pas entendre,
C'est vne honnesteté que mon frere me fait.

CRISANTE.

Il peut trouuer ailleurs des gendres à souhait,
Il n'a pas comme vous sa volonté bornée,
Aussi bien Ydalie est ailleurs enclinée,
C'est plûtost par deuoir que ce n'est par amour,
Elle ne l'aymoit point auparauant le iour.
Ie sçay bien qu'en son cœur elle aymeroit mieux prendre

Alcidor pour mary, que non pas Tiſimandre:
C'eſt pourquoy ſi mon frere en eſtoit conſentant,
Vn double Hymen rendroit tout le monde content.

DAMOCLEE.

Vous m'auez preuenu, ie vous le voulois dire;
Ce que vous deſirez, eſt ce que ie deſire.

SILENE.

Que l'on s'enquere donc du vouloir d'Alcidor.

CLORISE.

Il n'en peut mieux auoir quand il ſeroit tout d'or;
Je m'en vay le chercher pour luy faire ouuerture
De l'heur inopiné que le ſort luy procure.

ARTENICE.

Miſerable Artenice, où ſera ton ſupport,
Mes ſoûpirs & mes pleurs ſont-ils ſans reconfort?
O Dieux! qui diſpoſez de la terre & de l'onde,
Arbitres abſolus des fortunes du monde,
Vous dont les affligez implorent le ſecours;
Finiſſez mes ennuis, ou finiſſez mes jours.
Faut-il tant de longueur en choſe ſi legere,
Il n'y va que du ſort d'vne pauure Bergere;
Et vous qui nous couurez d'vne feinte bonté,
Les projets inhumains de voſtre cruauté
Que ne me chaſſez vous de voſtre ſouuenance,

Helas! ie vieilliray sans aucune esperance,
Comme fait vne fleur en vn champ deserté,
Qui reste à la mercy des rigueurs de l'Esté;
Dont la viue fraicheur par le chaud assaillie,
Se voit seiche & passée auant qu'estre cueillie.
Pourquoy m'ordonnez-vous iniustice des Cieux,
De borner mes desirs au sang de mes ayeux?
Voulez-vous limiter en choses si petites,
La puissance d'vn Dieu qui n'a point de limites?
Est-ce auecque raison que vous m'auez enjoint
De donner mon amour, à qui ne le veut point?
Ce conseil me deplaist, ie ne le sçaurois suiure,
Pour le seul Alcidor ie veux mourir & viure:
C'est celuy dont mon coeur a fait élection,
Ie n'en veux consulter que mon affection.

CHANSON D'ALCIDOR.

NOir seiour de l'horreur, tenebreuses valées,
Que du monde & du iour nature a reculées,
Agreable repos des esprits languissans:
Dans l'abisme d'enfer dont vous estes voisines,
Les vengeances diuines
Ont elles rien d'égal aux peines que ie sens?

Ie me cache en cette ombre eternellement noire,
Pour fuyr des objets qui dedans ma memoire
Entretiennent le mal dont ie suis tourmenté:

En tous autres endroits ie ne m'en puis distraire,
Le Soleil qui m'éclaire
Y ramentoit tousiours celuy qui m'est osté.

Cette ieune merueille, aussi chaste que belle,
Recompensoit ma foy d'vne amour mutuelle,
De qui le chaste feu ne s'égaloit qu'au mien;
Et qui sçaura nos vœux à bon droit pourra croire
Que le Ciel a fait gloire
De pouuoir denouër vn si parfait lien.

Ou sera mon repos en ma douleur profonde?
A quel Dieu pitoyable aux miseres du monde
Me plaindray ie des maux que ie souffre en aymant?
Si la mesme Deesse à qui la terre donne
La qualité de bonne,
Est celle qui s'oppose à mon contentement?

Comme si de mon corps mon ame estoit rauie,
Tous mes sens ont perdu l'vsage de la vie,
Tant la douleur sur moy fait de puissans éfors:
Et celuy qui conduit la troupe froide & sombre,
M'en estimant du nombre,
Me veut mener tout vif dans le seiour des morts.

I'entens désja la voix du iuge inexorable,
Ie voy désja l'aprest du tourment perdurable,
Que pour les malheureux ont les Dieux étably:
Mais le diuin flambeau dont i'adore la flâme,
A fait que pour mon ame,
La mort est sans repos, & l'enfer sans oubly.

ACT CINQVIEME.

SCENE TROISIEME.

CLORISE. ALCIDOR.

CLORISE.

IE perds en vain mes pas en ces rochers dezers,
Mes paroles en vain se perdent dans les ærs:
Ie n'entens aucun bruit, plus ce bois est paisible,
Et plus sa solitude à mes sens est horrible.
Ces antres tenebreux ne sont point sans danger,
Ie ne voy dans ces champs, ny troupeau, ny Berger;
I'ay perdu mon chemin, ie ne treuue personne,
La frayeur me saisit, toute chose m'étonne:
Mes yeux de tous costez percent l'ombre des bois,
Les rochers les plus durs répondent à ma voix;
Et si ie ne voy rien, ny ne puis rien entendre,
Mes pas irresolus ne sçauent ou se rendre:
Ie me confons au choix de ces chemins diuers,
En cherchant Alcidor moy-mesme ie me perds:
Mais i'entens ce me semble une voix desolée,
Que le vent me raporte au long de la valée;
Seroit-ce point la sienne, il y faut aller voir.

ALCIDOR.

Qu'est-ce qui dans ce bois me peut apercevoir;

I'entens quelqu'vn venir.

CLORISE.

O bons Dieux ! c'est luy-mesme,
Le voila de son long tout pensif & tout blesme.
Berger quittez ces pleurs, ils sont hors de saison,
Desormais vos souspirs n'auront plus de raison ;
Vostre contentement est en vostre puissance,
La fortune vous offre vne bonne aliance,
Le pere est consentant, il ne tient plus qu'à vous,
Ce sera vostre bien au iugement de tous ;
Vous cognoissez la race & le nom d'Ydalie,
Et de quelle richesse est sa maison remplie.

ALCIDOR.

Puis que ie vois le sort m'estre si rigoureux,
Il vaut mieux que tout seul ie viue malheureux,
Que de luy faire part des mauuaises fortunes
Qui depuis le berceau m'ont esté si communes.

CLORISE.

Quel sujet auez-vous de vous plaindre du sort?

ALCIDOR.

De ce qu'il ne me donne ou la vie ou la mort.

CLORISE.

Voudriez-vous par la mort finir vostre martyre?

ALCIDOR.

Ouy, si ie suis priué du bien que ie desire.

CLORISE.

Qui vous fait desirer ce que le Ciel defend?

ALCIDOR.

Le malheur d'estre esclaue au pouuoir d'vn enfant.

CLORISE.

Aucun n'est prins d'Amour s'il ne se laisse prendre.

ALCIDOR.

Mesmes les immortels ne s'en peuuent defendre.

CLORISE.

La raison de ce mal est le contre-poison.

ALCIDOR.

Depuis qu'il est extrême on n'a plus de raison.

CLORISE.

Le temps seul peut guérir cette chaude furie.

ALCIDOR.

Ny le temps, ny la mort, ne la rendra guerie.

CLORISE.

Ne vous lassez-vous point de tant de maux souffrir?

ALCIDOR.

Mon cœur ne peut auoir de plus aimables fers.

CLORISE.

Il faut qu'vne autre flâme en chasse la premiere.

ALCIDOR.

Rien ne peut du Soleil éfacer la lumiere.

CLORISE.

Oubliez, oubliez, ces foles passions,
Donnez vn autre objet à vos affections.

ALCIDOR.

Brisons-là ce discours, vostre entreprise est vaine,
Aprés auoir aimé la fille de Silene,
Ie ne puis moderer vn feu si vehement,
Si ce n'est par la mort, ou par l'éloignement,

Il faut pour la quitter que ie quitte la France.

CLORISE.

Helas ! que fera-t'elle en vostre longue absence,
Elle qui ne respire & ne vit que par vous.

ALCIDOR.

Elle esteindra sa flâme aux bras d'vn autre époux,
Qui sera de sa race, & de son voisinage.

CLORISE.

Pour le moins rendez-luy le dernier témoignage
De vostre affection.

ALCIDOR.

Cela ne fera rien
Qu'augmenter à la fois son tourment & le mien.

CLORISE.

Alcidor, croyez-moy, voyez cette Bergere,
Souuent le bon-heur vient lors que moins on l'espere,
Le Ciel a soin de vous, les Dieux par leur bonté
Vous peuuent redonner ce qu'ils vous ont osté:
L'on a veu surmonter de plus fâcheux obstacle,
Reuenez auec moy.

ALCIDOR.

Combien que sans miracle
Ie ne puisse esperer mon salut qu'au trépas,
Ie suiuray donc encor' vostre aduis & vos pas.

ACT. CINQVIEME.

SCENE QVATRIEME.

TISIMANDRE. YDALIE.

TISIMANDRE.

A La fin ma rebelle a cognu ma constance,
A la fin mes trauaux ont eû leur recompence,
A la fin i'ay faict tréue auecque les malheurs;
L'Amour dans son carquois me presente des fleurs:
A la fin ma Deesse est à mes vœux propice,
Comme les autres Dieux elle ayme la justice,
Et sçait recompenser le zele des mortels,
De qui la pieté reuere ses autels.
Alons, mon beau Soleil, le deuoir nous conuie
D'auoir l'aduis de ceux dont vous tenez la vie.

YDALIE.

Cela sera facile, il n'en faut point douter,
L'honneur de vous auoir n'est point à rejetter.

TISIMANDRE.

Alons donc les chercher, ie croy que vostre pere
Est âlé voir la nopce au logis de son frere.
Mais ne voyez-vous pas quelques gens amassez,
Qui désja vers le Bourg se sont fort auancez?
Ne la seroit-ce point?

YDALIE.

Ils en ont l'apparence.

TISIMANDRE.

D'où leur pourroit venir vn si profond silence?
Ils n'ont ny violons, ny flutes, ny haubois,
A peine seulement peut-on oüyr leur voix:
On n'oyt point retentir de chansons d'Hymenée:
Qui les rends si pensifs à si bonne iournée?
Ils s'auancent vers nous, hâtons-nous vîtement,
Nous sçaurons le sujet de leur étonnement.

ACT. CINQVIEME,

SCENE CINQVIEME.

YDALIE. DAMOCLEE: TISIMANDRE. SILENE. CRISANTE. CLORISE. ARTENICE. ALCIDOR. CLEANTE. Le vieil ALCIDOR. LVCIDAS.

YDALIE.

Voila celuy, mon pere, à qui ie dois la vie,
Si vous le treuuez bon le deuoir me conuie
De receuoir les vœux de son affection,
Et mettre ma franchise en sa protection
Dans les nœuds eternels d'Amour & d'Hymenée.

DAMOCLEE.

Vous y venez trop tard, ma parole est donnée.

TISIMANDRE.

Comment? est-il quelqu'vn enuieux de mon bien,

Qui me voulut rauir ce que i'ay rendu mien,
Que deuiendroit ma peine & ma perseuerance,
Dont ie n'ay que sa foy pour toute recompence?

DAMOCLEE.

Elle n'a point pouuoir de vous donner sa foy,
Puis que ie suis son pere elle dépend de moy;
Alcidor est celuy que ie veux pour mon gendre.

YDALIE.

Il est vray, qu'autrefois i'eusse pû condescendre
A receuoir l'Amant que l'on m'offre aujourd'huy;
Mais n'estant plus à moy, ie ne suis plus à luy:
Ce Berger témoignant son amour excessiue,
En me tirant des fers m'a rendu sa captiue.

DAMOCLEE.

Vous luy feriez grand tort de l'amuser à vous,
De la belle Artenice il doit estre l'époux,
Le Ciel nous le commande, & chacun le souhaite.

ARTENICE.

Encore qu'on l'ait dit ce n'est pas chose faite,
Il faut auparauant cognoître son amour,
Artenice n'est point la conqueste d'vn iour:
Quand ses vœux par cinq ans me l'auront témoignée,
Comme il a par cinq ans la mienne dédaignée,
A l'heure ie verray si ie seray pour luy.

YDALIE.

D'où nous prouient ce trouble auteur de tant d'ennuy,
Qui s'oppose au bon-heur où tout le monde aspire?

SILENE.

La volonté des Dieux qu'on ne peut contredire,
Qui défend que ma fille épouse vn étranger:
Faites vn autre Amant, laissez-moy ce Berger,
Ie tiendray mon bon-heur de vostre courtoisie.

CRISANTE.

Vous ne iouÿrez pas à vostre fantaisie
Du desir d'vn Berger Amoureux comme il est,
Ny du pouuoir d'vn Dieu qui fait ce qui luy plaist.

TISIMANDRE.

Ne pensez plus à moy, puis qu'en ma propre terre
Les hommes & les Dieux me declarent la guerre,
Ie vay chercher ailleurs, ou mon pis, ou mon mieux.

ARTENICE.

Et moy dont le malheur est si contagieux,
A quoy me resoudray-ie, ou sera ma retraite,
Toute chose s'oppose à ce que ie souhaite:
N'eût-il pas valu mieux estre morte en naissant,
Et voir mon triste sort finir en commençant,

Que

Que de le voir tousjours trauerser tout le monde?

CRISANTE.

Certes ie ne sçay pas ou nostre espoir se fonde,
Ie n'entens que souspirs, ie ne voy que malheurs?

DAMOCLEE.

Peut-estre qu'Alcidor mettra fin à nos pleurs:
Oyons ce qu'il dira le voicy qu'il arriue.

ALCIDOR.

Puis qu'aprés tant d'ennuis le desespoir me priue
De l'aise & de l'honneur de viure auecque vous,
Puis que dans vn sejour si fertile & si doux
Ie ne puis asseurer le repos de ma vie;
Auant que vous quitter le deuoir me conuie
De témoigner à tous que iusques au cercueil
Ie vous reste obligé de vostre bon accueil.
Vueille le tout-Puissant, à mes voeux fauorable
Vous payer les biens-faicts dont ie suis redeuable:
Puissiez-vous voir sans fin en toutes les saisons
L'abondance & la paix regner en vos maisons.
Et vous chere Beauté, dont i'adore la flâme,
Puissiez-vous à iamais belle ame de mon ame
Auoir autant de biens & de contentemens,
Que vostre affection m'a coûté de tourmens.
Pour moy le seul espoir de mon inquietude,
Est de passer ma vie en vne solitude,

Et cacher dans l'horreur de quelque antre secret
Celuy sur qui le iour ne luit plus qu'à regret.
Adieu donc, belle Seine, adieu campagnes vertes,
Complices & témoins de mes peines soufertes.

CLORISE.

Est-ce là le sujet qui vous a ramené,
Voulez-vous donc tousjours demeurer obstiné,
Ny prieres, ny pleurs n'ont-ils point de puissance?
Auez-vous resolu d'abandonner la France?
Où tout le monde a soin de vostre auancement?

ALCIDOR.

Y sçauroy-ie treuuer aucun contentement,
Et voir tousjours l'objet qui trauerse ma vie?

CLORISE.

Pour le moins Alcidor, contentez nostre enuie
De demeurer encor' vne heure auecque nous.

ALCIDOR.

Cela ne seruiroit qu'à vous afliger tous.

CRISANTE.

Au contraire, Alcidor, c'est de vostre presence
Que nos maux esperoient d'auoir leur alegeance.

ALCIDOR.

D'vn esprit accablé de mortelles douleurs,

Qu'en pouuez-vous auoir que des cris & des pleurs.

ARTENICE.

Si iamais i'eû pouuoir dessus vostre courage,
Rendez-m'en aujourd'huy le dernier témoignage,
Donnez-moy seulement ce qui reste du iour.

ALCIDOR.

Je ne puis resister au pouuoir de l'Amour,
Il vous faut obeyr, ô ma belle Deesse,
Pour la derniere fois vous serez ma maîtresse.

CRISANTE.

A la fin nous l'aurons, ce cœur de diamant,
Aux larmes d'Artenice à quelque sentiment:
Il nous faut essayer par vne Amour plus forte
De luy faire changer celle qui le transporte.

Le vieil ALCIDOR.

En quel endroit, mon fils, auez-vous tant esté?
Que fistes-vous alors que vous m'eutes quitté?

ALCIDOR.

Las! pardonnez, mon pere, à l'ennuy qui m'outrage,
Si i'offre à vostre abord vn si triste visage.

Le vieil ALCIDOR.

Quant à moy desormais ie braue le malheur,

L'aise de vous reuoir a finy ma douleur,
Quelque sujet de pleurs que le destin m'enuoye,
Ie ne verseray plus que des larmes de ioye.

CLEANTE.

C'est à vostre vieillesse vn agreable appuy,
Que l'amitié d'vn fils vertueux comme luy:
De quelque excez d'amour dont vous soyez capable,
Vous ne sçauriez l'aymer autant qu'il est aymable.

Le vieil ALCIDOR.

Ce n'est point mon enfant, mon bon-heur la treuué,
Et mon affection la tousjours éleué,
Depuis que son berceau luy seruant de nacelle,
En le sauuant des flots le mit sous ma tutelle.

DAMOCLEE.

Comment ce fist cela, quel sinistre destin
L'auoit mis en naissant si proche de sa fin.

Le vieil ALCIDOR.

Ie ne le pû sçauoir, les eaux d'Oise & de Seine,
Disputant ce butin, faisoient que de la plaine
Ie ne pû mesme voir qui des deux l'aportoit;
Ie m'aprochay du bord, lors qu'encore il flotoit,
Où ces ieunes attraits me donnerent enuie
De le porter chez moy pour luy sauuer la vie:
Et ma femme dés-lors qui l'ayma comme sien,

Ne sçachant point son nom le fit nommer du mien.

DAMOCLEE.

En quel temps fut cela?

Le vieil ALCIDOR.

Ce fut l'an que la France
Se veît couuerte d'eau en si grande abondance,
Depuis ce iour fatal les moissons de Ceres
Ont par dix & neuf fois redoré nos guerets.

DAMOCLEE.

Las! ie perdis alors, par la fureur de l'onde,
Daphnis, qui ne faisoit que de venir au monde;
Ie pleure quand i'y pense, il m'en souuient tousjours,
Ce fleuue à gros boüillons débordant de son cours
Remplissoit de terreur les campagnes voisines:
Mes troupeaux éfroyez gaignerent les colines:
Et le petit Daphnis encor dans le berceau
Demeura dans ma loge à la mercy de l'eau.
Trois fois pour le sauuer ie me mis à la nage:
Mais vn torrent rapide estoit dans mon passage,
Qui rauageant l'espoir des coûtaux les plus vers,
Precipitoit son cours dans leurs flancs entr'ouuers:
Couuroit les champs voisins de cailloux & d'arene,
Et payoit en grondant son tribut à la Seine.
Dans le milieu de l'eau les vagues m'offusquoient,
La peur me saisissoit, les forces me manquoient,
De ma temerité les ondes se courroussent.

Et malgré mes éfors par trois fois me repoussent.
La Seine cependant étend ses larges eaux
Pour r'assembler en vn tous les petits ruisseaux:
Ie regarde en pitié ma maison assiegée
Soûtenir les éfors d'vne vague enragée;
Et désja la fureur dont elle la batoit
Faisoit monter l'écume aussi haut que le toit:
En fin de toutes parts la tempeste boüillonne,
La charpante gemit, la muraille s'étonne;
L'vn s'éleue sur l'eau, l'autre fond au dessous,
Ie perds en ce malheur la parole & le poux:
Quand ie vis mon enfant dans le milieu des ondes
Errer à la mercy des poudres vagabondes:
Tant que ie le pû voir ie le suiuis des yeux,
Et puis ie le remis en la garde des Dieux:
Ne seroit-ce point luy qui tient de vous la vie?
Recognoissez-le bien, chacun vous en conuie.
Quelle marque auoit-il, lors qu'il fut abordé?

Le vieil ALCIDOR.

Voilà son bracelet que i'ay tousjours gardé.

DAMOCLEE.

C'est celuy qu'il auoit, ô merueille du monde?
Mon enfant est sauué de la rage de l'onde:
Venerable Vieillard, helas! que ferons-nous,
Pour vous rendre le bien que l'on reçoit de vous?

SILENE.

A la fin tout le monde aura ce qu'il souhaite,

La volonté des Dieux est par vous satisfaite,
Ce Berger est celuy que la Deesse entend,
Du bon-heur de mon frere vn chacun est content,
En luy donnant vn fils vous me donnez vn gendre,
La Bergere Ydalie aura son Tisimandre,
Et ma fille celuy que par élection
Le destin reseruoit à son affection.

ALCIDOR.

Que ie luy dois d'autels du bon-heur qu'il m'enuoye.

ARETNICE.

Que de biens à la fois'

YDALIE.

Dieux ! que i'en ay de ioye.

TISIMANDRE.

Vieillard de qui nos maux ont leur soulagement,
Dieu vous peut-il combler d'aucun contentement,
Qui ne soit au dessous de ceux qu'on vous desire ?

ALCIDOR.

Aprés tant de faueurs, que vous sçaurois-ie dire
A vous par qui ie suis comblé d'aise & d'honneur,
Et par qui le destin auec tant de bon-heur,

Pour la seconde fois me redonne la vie?
Dans l'excez des plaisirs dont mon ame est rauie,
Ie ne penseray plus à mon tourment passé,
Que pour benir les Dieux qui l'ont recompensé.

SILENE.

Alons dons chers enfans sauourer les delices
Dont l'Amour satisfait vos fideles seruices:
Et nous autres Vieillards amoureux du repos,
Alons vuider en rond les verres & les pots,
Le Ciel de toutes pars nous met en asseurance:
Il faut mon frere encor' aprés cette aliance,
Pour ioindre de nos cœurs l'étroite liaison,
Faire de nos maisons vne seule maison:
Nous y verrons vn iour nos gendres & nos filles
Dans vn mesme fouyer éleuer leurs familles.
Et vous sage Vieillard y viendrez auec nous
Prendre part au repos que nous tenons de vous.

ALCIDOR.

Dieux! que ie dois de grace aux bonnes destinées,
Qui comblent de tant d'heur la fin de mes années.

TISIMANDRE.

Mais pourquoy, Lucidas vient-il si promptement?
Voudroit-il point encor par quelque enchantement
S'oposer aux douceurs du bon-heur où nous sommes?

LVCIDAS.

Belles, qui possedez la merueille des hommes:

Et vous ieunes Amans que i'ay tant trauersez,
Ne m'accusez pas seul de mes crimes passez,
Vous en voyez l'auteur dans les yeux d'Artenice.

DAMOCLEE.

Laissez-nous en repos esprit plein d'artifice,
Vous offencez encor' ces deux couples d'Amans,
En retardant l'éfet de leurs contentemens,
La nuict viendra bien tost mettre fin à leurs peines,
Les ombres des coûtaux s'alongent dans les plaines;
Désja de toutes pars les laboureurs lassez
Trainent deuers les Bourgs leurs coûtres renuersez.
Les Bergers ont désja leurs brebis ramenées,
Le Soleil ne luit plus qu'au haut des cheminées:
Voicy le temps Berger qu'il se faut depescher
De ioüyr des plaisirs qui vous coûtent si cher.

LVCIDAS.

Et moy seul resteray-ie en proye à la tristesse?
Passeray-ie sans fruict la fleur de ma ieunesse?
Que me seruent ces biens dont en toute saison
Le voisin enuieux voit combler ma maison:
Que me sert que mes bleds soyent l'honneur des campagnes,
Que les vins à ruisseaux me coulent des montagnes;
Ny que me sert de voir les meilleurs ménagers
Admirer mes jardins, mes parcs & mes vergers,
Où les arbres plantez d'une égale distance
Ne perissent iamais que dessous l'abondance.
Ce n'est point en cela qu'est le contentement,
Tout ce change icy bas de moment en moment;

M v

Qui le pense treuuer aux richesses du monde
Bâtit dessus le sable, ou graue dessus l'onde.
Ce n'est qu'vn peu de vent que l'heur du genre humain,
Ce qu'on est auiourd'huy l'on ne l'est pas demain,
Rien n'est stable qu'au Ciel, le temps & la fortune
Regnent absolument au dessous de la Lune.

EPITHALAME.

CVeillez Amans le fruict de vos seruices,
Que dãs vos cœurs la ioye & les delices
Reuiennent à leur tour;
Et que l'ardeur dont vostre ame est saisie,
Fasse brûler le Ciel de ialousie
Et la terre d'Amour.
Des champs ingrats naissent les pierres fines,
Les belles fleurs s'engendrent des épines,
Et les perles des pleurs;
Les plus beaux iours succedent aux orages,
On ne voit point de Soleil sans ombrages,
Ny de biens sans douleurs.
Voicy la nuict si long temps differée,
Qui vient alors qu'elle est moins esperée
Accomplir nos desirs;

Témoignez-y que toutes ces tempestes,
En augmentant l'honneur de vos conquestes.
Augmentent vos plaisirs.
Ne craignez point, que pour vous y deplaire
Quelque importun vos actions éclaire
D'vn soin trop curieux;
Le saint Himen qui vous met dans la lice.
Ny laissera, ny tesmoin, ny complice,
Qu'vn Dieu qui n'a point d'yeux.
L'obscurité vous ostera de crainte,
C'est où vos veux ioüiront sans contrainte
Du loyer de leur foy:
Cache-toy donc vnique feu du monde,
Eteint le iour, & r'emporte dans l'onde
La honte auecque toy.
Ne souffre point que ta flâme importune
S'oppose tant à la bonne fortune
De deux autres Soleils:
Hâte ton cours, la raison t'en conuie,
Où l'on dira que tu portes enuie
A l'heur de tes pareils.

EGLOGVE.

MIserable troupeau, qui durant la froidure
Voy ces châps sans moisson, & ces prez sans verdure,
Sçache que pour iamais l'espoir nous est osté
D'auoir en ce climat de Printemps, ny d'Esté.
L'Astre par qui les fleurs émailloient les campagnes,
Par qui le serpoulet parfumoit les montagnes,
Et par qui finissoit cette froide saison,
A porté sa lumiere en vn autre orison.
Et dans ces tristes lieux n'en reste aucune flâme,
Que celle que l'Amour en conserue en mon ame.
Combien en ce malheur ie benirois les Cieux
Si quand leur tyrannie éloigna de mes yeux
Celle dont la presence est mon heur & ma gloire,
Ils eussent de mon ame éloigné sa memoire;
Soit que le iour renaisse au sommet des rochers,
Et commence à dorer la pointe des clochers,
Où soit que dans les eaux sa lumiere finisse,
Ie ne pense iamais qu'aux beautez d'Artenice:
Quand les plus douces nuicts assoupissent les corps,
Et font que les viuans sont semblables aux morts,
Que toutes les couleurs sont reduites en vne,
Mon esprit deliuré de la foule importune,
Se forme sa figure aussi belle qu'elle est,
Lors qu'en ne voyant rien, il voit ce qui luy plaist:

Et par les mesmes vœux dont ie l'ay reclamée,
Adore cette image en mon ame imprimée:
Pourquoy n'vsez-vous pas adorable Soleil
Des flâmes de vos yeux comme vostre pareil?
Lors qu'il nous quitte au soir il r'emporte dans l'onde
Les rayons eternels dont il éclaire au monde,
Et souffre que les corps, & les esprits lassez
Accordent le repos à leurs trauaux passez:
Mais en quelque climat où le Ciel vous emmeine,
Ie ne treuue iamais de relâche à ma peine.
Dieux que ma passion a de temerité!
Que les conseils d'Amour sont pleins de vanité,
De m'adresser à vous dont la race diuine
Du sang mesme de Pan a prins son origine,
Et de qui les apas trop chastement gardez
Par le seul Alcidor ont esté possedez;
Celuy de qui la mort, si digne de la vie,
Fit moins aux braues coeurs de pitié que d'enuie,
Et que l'on estimoit tant qu'il fut parmy nous
Le salut des troupeaux, & la terreur des loups.
Ay-je des qualitez qui ne semblent petites,
Lors que ie les compare à ces moindres merites:
Il le faut auoüer auecque verité,
Il me passoit en tout fors en fidelité:
Mais cela ne m'est pas une grande loüange,
A quelle autre Beauté pourrois-ie aller au change,
Quelle autre a des apas plus charmans & plus doux,
Où quelle autre a l'esprit plus aymable que vous.
Certes, bien que ma foy n'eût iamais de seconde,
Quelle soit comme vous la merueille du monde,
N'est-ce pas estre injuste au prix de vos beautez,
De croire vous aymer comme vous meritez:

Pour moy toutes les fois que ie pense aux merueilles,
Dont vostre bel esprit rauissoit mes oreilles,
Où que ie me souuiens des aimables apas
En qui mes yeux treuuoient la vie & le trépas.
Repassant à loisir en ma triste memoire
Ce bien-heureux état du comble de ma gloire.
En ce grand changement ie recognois assez
Que les plus doux plaisirs sont les plûtost passez.
Lors que ie me retreuue en ces belles demeures,
Où les iours les plus longs ne sembloient que des heures:
Cela ne sert de rien qu'à me ramenteuoir,
Que ie n'y verray plus ce que i'y soulois voir.
Cêt agreable pré, cette fertile plaine
Qui paroient à l'enuy les riues de la Seine;
Ces jardins où la grace étaloit ses apas
Alors que tant de fleurs y naissoient sous vos pas:
Tous ces lieux où l'Amour plein d'atraits & de flâmes
Donnoit par vous ses loix à tant de belles ames,
Et tout ce qu'à Paris de plus delicieux
Est ce qui maintenant m'est le plus ennuyeux,
Plus triste & plus chagrin que le temps où nous sommes,
I'éuite également l'abord de tous les hommes.
Les lieux les plus dezers me semblent les plus doux,
Ie ne veux entretien que de penser en vous:
Et soit que ie m'arreste aux graces naturelles,
Qui vous font estimer vn miracle des belles:
Celles dont vous marchez, celles dont vous parlez,
De combien de douceurs vos refus sont mélez:
Où que pensant plus haut ma raison étonnée,
Admire les beautez dont vostre ame est ornée,
Ie n'y treuue qu'apas dont mon cœur se repaist,
Mesme de vos rigueurs le souuenir me plaist:

Combien i'ay desiré bel astre que i'adore
De payer le bon-heur de vous reuoir encore
Des maux les plus cruels, & les plus rigoureux
Dont Amour puisse rendre vn esprit malheureux:
Qu'alors que tous mes soins tâcheront de vous plaire,
Vous ne me puissiez voir sans haine ou sans colere:
Qu'aucun de mes deçeins ne puisse reüssir,
Que iamais vostre cœur ne se veuille adoucir:
Qui me refuse tout, pourueu que ie vous vôye,
Ie penseray ioüyr du comble de ma ioye:
Ainsi parloit Arcas durant cette saison,
Qui retient au fouyer tout le monde en prison;
Pleignant moins toutesfois en ce commun suplice
L'absence du beau temps que celle d'Artenice.

FIN.

SVR LA MORT DE MONSIEVR DE TERMES, A MONSIEVR LE DVC DE BELLEGARDE SON FRERE.

STANCES.

C'EST à ce coup Roger, que la rage du ſort
A contre ta vertu fait ſon dernier éfort
Que depuis ſi long-temps luy faiſoit reſiſtance:
Tous les yeux, & les cœurs ont part à ton malheur,
Voyant dans ton viſage une extrême conſtance
Combatre inceſſamment une extrême douleur.

L'on pardonne les pleurs aux perſonnes communes;
Mais non pas aux Eſpris, qui dans les infortunes

Ont

Ont si visiblement leur courage épreuvé:
Modere donc l'ennuy dont ton ame est touchée;
Et ne regrete point que ton frere ait treuvé
La mort, que ta valeur a tant de fois cherchée.

La gloire estoit le but de son ambition,
L'amour de la vertu la seule passion,
Dont il estoit épris soit en paix, soit en guerre:
Et sortant comme toy de la tige des Dieux,
Cependant que le sort l'assistoit sur la terre,
Tous ses vœux ne tendoient qu'à retourner aux Cieux.

Desormais ce Guerrier est selon son envie
Parvenu par sa mort à cette sainte vie,
Ou de sa pieté tendoient tous les propos:
Les Cieux l'ont retiré des mortelles alarmes;
Et si rien à present peut troubler son repos,
C'est de te voir pour luy répandre tant de larmes.

Il y voit tous les iours de delices nouveaux,
Et foule au firmament l'orgueil de ses flambeaux,
Qui de celuy du monde indignement se iouë;
Et voit comme Fourmis marcher nos legions
Dans ce petit amas de poussiere & de bouë,
Dont nostre vanité fait tant de regions.

Quelle magnificence aux hommes incognuë
A témoigné là haut l'aise de sa venuë!
Que de feux eternels naissoient dessous ses pas!
Qu'il augmenta du Ciel la splendeur coûtumiere!
Et que ce grand flambeau qu'on admire icy bas,
Auprés de ce bel Astre avoit peu de lumiere!

Rauy de tant d'apas qui luisent en tous lieux,
A peine son Esprit daigne baisser les yeux
Pour voir dessous ses pieds ce que la terre adore:
Tous les Dieux à l'enuy luy donnent du Nectar,
Sinon Bellonne & Mars qui poursuiuent encore
Les auteurs de sa mort sur les riues du Tar.

Mais puis que ses trauaux ont treuué leur azile,
Oublie en sa faueur cette pleinte inutile,
Dont l'injuste longueur nourrit tes deplaisirs:
Crois-tu que iouïssant d'vne paix si profonde
Il voulust à present, que selon ses desirs
Le Ciel le r'apelat aux miseres du monde.

Le bon-heur d'icy bas se passe en vn moment,
Le Sort Roy de nos ans y regne absolument,
Par luy ce grand Cezar n'est plus rien que fumée:
Puis qu'en ce changement tu cerches de le voir,
Au lieu de sa dépoüille aime sa Renommée,
C'est sur quoy le Destin n'aura plus de pouuoir.

TRADVCTION.

SI ce Guerrier que nous pleurons encore
Suit dans le Ciel son petit Archemore,
Renouuelant ta premiere douleur:
C'est mon Roger que la bonté Diuine
Estima tant cette petite fleur,
Qu'elle voulut en auoir la racine.

Extrait du Priuilege du Roy.

PAR grace & Priuilege du Roy, il est permis à Messire HONORAT DE BVEIL, Cheualier sieur de Racan, de faire imprimer par tel Imprimeur & Libraire qu'il aduisera bon estre, *Ses Oeuures Poëtiques & Pastorelles, &c.* & defences sont faites à tous Imprimeurs, Libraires & autres de ce Royaume, de les imprimer, ou faire imprimer, vendre & distribuer, sans le consentement du Libraire qu'il aura choisi, pendant le temps & espace de dix ans, à peine de confiscation des exemplaires contrefaits, d'amende arbitraire, & de tous ses despens, dommages & interests: Ainsi que plus amplement est contenu esdites Lettres de Priuilege. Données à Paris le huictiesme iour d'Auril 1625.

Par le Roy en son Conseil.

Signé *D*V IARDIN.

ET ledit sieur DE RACAN a cedé, quitté & transporté à Toussainct du Bray, Marchand Libraire Iuré à Paris, tout le droit qu'il a au susdit Priuilege, pour en ioüir le temps porté par iceluy: Ainsi qu'ils ont accordé entre eux ce 8. iour de May 1625.

www.ingramcontent.com/pod-product-compliance
Ingram Content Group UK Ltd.
Pitfield, Milton Keynes, MK11 3LW, UK
UKHW020245180726
13839UKWH00001B/191